「日本の伝統」という幻想

藤井青銅
Saydo Fujii

柏書房

やや長いまえがき

伝統に関する「法則」と、伝統に付随する「見えない言葉」

「日本古来の伝統」

「日本人は昔からそうやってきた」

「伝統的な文化・しきたり」

などと言われる「古来」や「昔から」や「伝統的な」の中には、明治以降に始まったものがけっこうある、いやそれどころか戦後からのものだってある――ということは、雑学・蘊蓄《うんちく》話に詳しい方はご存知でしょう。

たとえば次のようなもの。それぞれ下に記してあるのは始まった年です。

都《みやこ》をどり／明治五年

靖国神社《やすくに》／明治十二年。前身の「東京招魂社《とうきょうしょうこんしゃ》」は明治二年
初詣《はつもうで》／明治十八年頃
蚊取《かと》り線香《せんこう》／明治二十三年。「渦巻き型」は明治三十五年
橿原《かしはら》神宮／明治二十三年
平安神宮／明治二十八年
夫婦同姓／明治三十一年。最初は「夫婦別姓」だった（明治九年、太政官指令による）
良妻賢母《りょうさいけんぼ》／明治三十二年
神前《しんぜん》結婚式／明治三十三年
告別式／明治三十四年
国技・大相撲《おおずもう》／明治四十二年
古典落語という名前／昭和二十三年頃
恵方巻《えほうまき》という名前／平成十年。風習は昭和七年頃？
……など。

急いでことわっておきますが、「明治以降に始まったから、つまらないもの」と言う気はありません。さらについでに言えば、「もっと古くから続いているから、素晴らしいもの」と言う気もありません。だいたい、「〇〇年以上経過したものを伝統と呼ぶ」なんて

定義があるわけでもありませんし。

のちに「伝統」と呼ばれるものも、始まった時には伝統ではありません。当り前です。最初は「新制度」であったり、「新しい風潮」や「最近の流行」であったはずです。権力者や有力な個人とか、どこかの組織・団体・寺社とか、国家が提唱して……。あるいは、庶民《しょみん》の中から自然発生的に始まったものに、色々な人々が少しずつアイデアを追加して……。

いずれの場合も、「こうやったほうがうまくいく」「こうやると楽しい」「こうあってほしい」といった知恵と経験と思惑が加えられ、工夫され、年月を経てしだいに積み重なり、整えられたもの。それが多くの人々に受け入れられて続いたから、のちに伝統と呼ばれるようになったのです。

どんなジャンルにでも専門家という方はいるもので、こうした伝統の起源・歴史は、たいていすでに調べられ、いくつもの本に載っています。そのエッセンスを、今は誰でも手軽にネットで調べることもできます（ネットの情報は簡単にアクセスできる反面、真贋《しんがん》まざっています。だからといって丸ごと否定するのは、ちょっともったいない。多くの情報の中から本物に近づいていくという作業は、本だってネットだって、実社会だって似たようなものです）。

とはいえ、面倒臭いのでわざわざ調べないのが、人間。疑問を持たない人が、大多数。だって世間が言うことをそのまま受け入れておくほうが、楽チンですからね。

「そんなのみんな、『昔から』でいいじゃないか」……と。

伝統の第一法則

「人は、自分が生まれた時にあるものは、みんな大昔から続いてきた伝統だと思う」

しかし、実際は違います。なのに、平安時代に始まったものも、明治時代に始まったものも、ひょっとしたら自分が生まれるほんの十年前に始まったものだって、みんなひっくるめて「日本古来の伝統」だと思ってしまいがち。

一般的に、一世代は三十年だとされます。人が自分の目と耳で感じることができる「昔」は祖父母の時代でしょうから、三世代前（＝約百年）。人間の寿命もせいぜい生きて百歳前後。ということは、人は百年以上昔のことはよくわからないんですね。自分の感覚だけで判断すると、すでに世の中にある伝統はみんな大昔から続いてきたと思ってしまうのもしかたない。

さて、それが明治以降に始まった伝統の場合、冒頭の言葉はこう言うのが正しいことになります。

「明治以来の伝統」
「日本人は明治時代からそうやってきた」
「明治以降の文化・しきたり」

どうでしょう? 明治初年からだとしたら、約百五十年。それなりに長いとは思うのですが、やはり「日本古来」と「明治以来」とでは、だいぶ印象が違います。

なんとなく、古くから続いているもののほうが価値があるように思うのが、人の常。たとえば「創業十年の和菓子屋」より「創業百年の和菓子屋」のほうが、おいしいのではないかと思います。さらに、「創業三百年の和菓子屋」のほうがもっとおいしいかも、と。

冷静に考えればそれは存続期間の長さを比べているだけで、お菓子の味とは関係ありません。でも多くの人は、

(長く続いてきたんだから、きっといいものなんだろう)

というイメージを持ちます。もちろんこれは、お菓子以外でもそう。寺社、お祭り、伝統芸能、伝統行事……などでも、同様な感想を持つ方は多いでしょう。

なのでそのイメージに寄りかかって、伝統を誇るならば「明治以来」より「江戸時代以来」のほうが価値がある。さらに「鎌倉の頃から」、あるいは「平安時代から」のほうが

ありがたい感じがする。何時代かはハッキリ言ってませんが、「日本古来」もかなり昔からの感じがします。だからこの表現が好まれるんでしょう。

すべての伝統は、より古く、より昔から続いてきたように装いたいのです。すると、そこに使われる名称・用語、外観、衣装、儀式、由来……などが、しだいに古色を帯びていく傾向があります。

伝統の第二法則
「伝統は、自ら過去に遡《さかのぼ》っていく」

お店の場合、改装した建物がモダンではなく、より老舗《しにせ》感のするデザインに変わったり。儀式や制度の場合、式次第にあえて難しい旧字を使ったり、今では使わない古い言い回しを採用したり。あるいは、文献の中からより古くから続いている由来を探したり……。無意識にそういうことをしてしまうのです。

和菓子屋さんの例でもう少し続けると、創業何百年という長い歴史の中では、味や形の改良を続けてきたはずです。かつては「甘いからおいしい」が褒《ほ》め言葉でしたが、今は「あんまり甘くないからおいしい」が褒め言葉です。砂糖が貴重だった時代と、飽食の時代とでは、当然人々の嗜好《しこう》は異なりますからね。

味だけでなく、形や大きさも変わるでしょう。大きく持ち重りがするものが喜ばれる時代から、ちんまりと小洒落《こじゃれ》たものが好まれる時代へ。堅いのが普通だった時代から、柔らかくふんわりしたものへ。食べ物の好みは、だいたいそう変化します。

使っている材料の仕入れ先だって、昔とは違うことがあります。輸送機関が発達すれば、よりいいものを遠隔地から取り寄せることができますからね。逆に、昔と同じ品種はもう手に入らない、ということだってあるでしょう。

製法もそう。基本は創業からの教え通りなんでしょうが、冷蔵庫とか、ミキサーとか、ラップとか、せっかく便利なモノが発明されたんですから、使わない手はありません。だって昔より大量に作って、流通に乗せなきゃいけないのですから。

もちろんこれまた、和菓子に限りません。商品、芸能、行事、儀式……いまある伝統はどんなものも、時代と環境の変化に対応して変わってきたから生き残っている。時代に対応できなかったら、とっくに消えていたのかもしれません。

しかし人は、そうは思いません。

伝統の第三法則

「人は、自分がいま見ているものが、開始当時から不変のまま続いてきた伝統だと思う」

正確に言えば「……思いたい」でしょう。これは、第二法則と呼応します。つまり、伝統を届ける側も、受け取る側もともに、「より古く、より昔からの伝統が、連綿《れんめん》と続いてきていま、私の目の前にある」と思いたいのです。お互いに、そのほうが価値がある。これは共同幻想のようなものでしょうか。両者が納得しているのなら、それでもいいと思います。

ただ、両者の間であまりに「伝統」を神聖視して崇《あが》め奉《たてまつ》ると、伝統の歴史をさらに遡る「事実」なるものが創作されていく危険性があります。歴史修正主義ならぬ伝統修正主義、でしょうか。そんな言葉があるかどうか知りませんが、これはちょっと気をつけておくべきでしょう。

ここまではいいでしょうか？

一見大昔から続いてきたように見える伝統を、「これは実は明治からにすぎない」「こっちは、たかだか戦後から」と次々に指摘していくのは、たしかに痛快です。他人に話すと、ちょっと得意な気分にもなります。雑学・蘊蓄として楽しむぶんにはそれでいいのでしょう。

けれど一方で、

「ではなぜ、その伝統は大昔からあるように思っているんだろう?」

「私たちはどうしてその伝統を受け入れたんだろう?」

「古くからある伝統は、なんで長く続いてきたんだろう?」

「そういえば、いつの間にか行われなくなった伝統もある。なぜだろう?」

という疑問も浮かんできませんか?

すべての伝統は、発信側・提唱側とそれを受け入れる側の両方がいなくては成立しません。伝統工芸品などの商品ならば、作り手・売り手と買い手。伝統的行事・儀式ならば、司祭者と参加者。伝統芸能ならば、演者・興行主と観客。伝統的制度ならば、国や共同体と国民・住民。伝統は、受け入れられてナンボです。

どんなジャンルでも、それが長く続くには共通する条件があります。

伝統の第四法則

「誰かにメリットがある伝統は、長く続く」

伝統は、人が生きやすくするために作った決めごとの集積です。もともと「こうやったほうがうまくいく」「こうやったほうが楽しい」で始まったのですから、そもそも受け入れる側に処世術や生活の知恵的なメリットがある。が、ここで言うメリットはそういうものではありません。もっと生々しく露骨なものです。

あ、今頃になって、これは第四法則なんてものではなく、むしろ第一、いや大前提なのではないかと気がつきました。なので、訂正します。

伝統の基本法則

「発信者側にメリットがある伝統は、長く続く」

そのメリットとは、次の二種類に分けられそうです。

①伝統の金銭的メリット〜「伝統ビジネス」

ミもフタもありませんが、お金です。いくら素晴らしい「日本の伝統」でも、商売として成立しなければ続きません。一度や二度なら、心意気で赤字覚悟もあるでしょう。けれど、なにしろ伝統と呼ばれるからには百年、二百年……と続いているのです。商品ならば、売れる。行事・芸能ならば、集客力。つまり、その伝統を維持する主体（団体、業界・業者、寺社など）が儲《もう》からなければ、長くは続かないのです。

最初は商売っ気なく始まった行事が、やがて伝統と認知され、広く行われることで商売になってくる。あるいは逆に、最初は商売として始まったものが、続けていくことで伝統になるケースもあります。どちらもやがて、「伝統であること」がビジネスとして重要になってきます。

私はこれを、「伝統ビジネス」と名付けました。

とはいえ、中には時代の変化で商売として成立しなくなるケースも出てきます。何百年と続いていけば、むしろどこかのタイミングでそうなるのは当然でしょう。その時、第二法則で見たように、時代に合わせて修正できた伝統はさらに続き、変化できなかった伝統は自然に廃《すた》れていく。なんだか、諸行無常《しょぎょうむじょう》という感じもします。

ですが、盛者必衰《じょうしゃひっすい》の理《ことわり》にあらがって、なかば強制的な集金・集客、あるいは補助金・助成金などの投入によって続く伝統、というケースもあります。

「ビジネスとしては成立しなくなったけど、これは失《な》くしたくないから、みんなで支えよう」

ならばいいのですが、「ただ既得権益を守るために続けている伝統」というケースも生まれてきます。

②伝統の権威性メリット～「伝統マウンティング」

もう一つが、これ。直接金銭には結びつきません（たぶん、遠回りでは結びついているのでしょうが）。長く続いた伝統はありがたい感じがし、一種の権威を帯びてきます。その権威がメリットとなる人たちがいます。

ここで、冒頭の言い回しをもう一度見てください。実はそこに、次のような「見えない言葉」が付随していることを、感じませんか？

「日本古来の伝統」……を変えるな。
「日本人は昔からそうやってきた」……のだから従え。
「伝統的な文化・しきたり」……を絶やすな、守れ。

伝統という言葉を使う時、人は意識的・無意識的にかかわらず、こういう言外の意図も一緒に発信しています。すると、言われたほうはなんとなく抗しにくい。目の前の発信者に対してのみでなく、古くから連綿と伝統を伝えてきた先人たちにまとめて抗する、という心情になるからではないでしょうか？

為政者《いせいしゃ》から国民へ、権力者から庶民へ、先代から当代へ（そして次代へ）、上司から部下へ（そしてさらに部下へ）、先輩から後輩へ（さらに新人へ）、親から子へ（そして孫へ）……。伝統はたいてい、上から下へ、過去から現代へ、大きいものから小さいものへ、と発信されます。「日本の伝統」だけでなく、「我が社の伝統」「我が校の伝統」「部活の伝統」「○○家の伝統」……なども同じです。

「変えるな、従え、絶やすな、守れ」……これらを一言でいうと、「黙ってオレの言うことをきけ」です。

相手に言うことをきかせる時、「伝統」という言葉はとても使い勝手がいいのですね。発信者は、自分一人ではなく長い年月と先人たちを背負っている（ということになっている）ので、強気に出られる。言われたほうは反論しにくい。反論された場合は、「だって伝統なんだから」という、あまり理由になっていない理由で返せる。「オレもそうやってきたんだから（お前もそうするべきだ）」とも言います。

私はこれを、「伝統マウンティング」と名付けました。


「伝統ビジネス」

「伝統マウンティング」

本書では、この二つをキーワードにして、伝統について考えてみます。

「そんなもの考えなくても、伝統は伝統じゃないか」

と言われれば、まあ、それはそうなんですけどね……。

見回せば、私たちは大小・長短さまざまな伝統に囲まれて暮らしています。楽しいものもあれば、正直言ってちょっと面倒臭いものもあります。助けられたり、邪魔だったり。

厳粛《げんしゅく》な気持ちになったり、鬱陶《うっとう》しく思ったり……。

それはなぜ「伝統」になったのでしょう?

その「伝統」は誰にメリットがあるのでしょう?

私たちはなぜ「伝統」として受け入れたのでしょう?

藤井青銅

「日本の伝統」という幻想――目次

第二部　「伝統マウンティング」社会

第三章 「先祖代々之墓」を守れ？　146

第一部

「伝統ビジネス」の作り方

第一章　「伝統ビジネス」とは何か？

先に出版した『「日本の伝統」の正体』という私の本がある。これは、一見「日本古来の伝統」のように見えて、実は「明治や戦後に一般的になった伝統」の数々を調べ、分類したもの。この本は予想外に大きな反響をいただいた。

その時、この本の内容を紹介して発展させたスライドショーを作り、講演というかイベントを行ったのだが、とても好評で、いろんな場所で何度も行うことになった。

タイトルは、

《あなたも「伝統ビジネス」で一攫千金《いっかくせんきん》！》

半分ふざけていますね（ということは、半分は本気なわけだが）。

その内容は、「これが日本古来の伝統」「日本人は昔からこうやってきた」とアピールすることで商売になるケース。あるいはひょっとして、元は商売から始まったものがいつのまにか伝統になってしまったケース……を紹介しながら、伝統ビジネスの出来上がり方を考えるというもの。

とはいえ、産業のカテゴリーに「伝統ビジネス」という項目はない。狭く考えると、各地の伝統工芸品や伝統芸能などを想像するだろう。しかしここではもっと広く、「日本の伝統をアピールすることでうまくいくビジネス」のことを言っているのだ。

たとえば着物（和服）は、もちろん日本の伝統的な民族衣装だが、もはや日常的に着るものではなくなった。「しかし」なのか「だから」なのか、あえて「これは日本古来の伝統です」と打ち出すことで、人は、

「あらたまった席では着てみたい」

「たまに着てみようか」

などと思うようにもなる。需要の掘り起こしだ。そのビジネスの裾野《すその》は呉服屋さんだけでなく、着付け教室にも広がる。

最近は京都観光にやってきた外国人旅行者向けに、レンタルで着物を貸し出すサービスが盛んだ。あれはもちろん着物そのものの美しさもあるのだが、外国の方に、

「これが日本の伝統的衣装です。伝統文化です」

とアピールすることで成立している。いや、実は着物だけでなく、京都という街全体がそうだ。そして、外国人に向けてではなく、同じ日本人に向けてもそうなのだ（これは京

都の悪口を言っているわけではない。むしろ褒《ほ》めているんですよ。詳しくはのちほど)。

こんな風に、あえて伝統をアピールすることでうまくいく商売を、「伝統ビジネス」と定義づけしてみたのだ。そう考えて周囲を見回してみると、けっこう多い。

「世の中は、こんなに多くの伝統ビジネスが成立しているのか。うまくいく理由はなんだろう?」

と考えた。そして、

「その理由と方法がわかったなら、あらたに伝統ビジネスを作り出して一攫千金が狙《ねら》えるんじゃないか?」

という考えにいたったわけだ。

重ねて言うが、半分ふざけている(再び重ねて、半分は本気)。

古くから続いている伝統はなんでもビジネスになるのかといえば、そうでもない。かつては盛んだったのに、いつのまにか廃《すた》れてしまったものもある。では、それは、なぜ廃れたのだろう?

逆に、比較的新しい伝統なのにしっかりビジネスになっているものもある。それは、なぜうまくいったのか?

あるいは、長年ほぼ忘れられていたのに、突然引っ張り出されて脚光を浴びる伝統もある。これらの違いはなんなのか？

どうやら、日本人が好きな日本の伝統（言い方は妙だが、そう言うしかない）――というパターンがあるのではないか？

ここでは、講演での流れに沿いながら大幅に加筆して、「伝統ビジネス」という視点で「日本の伝統」を考えてみる。

読んでみたら、本当に一攫千金が狙えるかもしれませんよ。

なお、個々の「伝統」がいつ頃から一般的になったものか、この本では簡単に触れている。詳しくは、前作『「日本の伝統」の正体』に書かれているので、ご興味があれば、そちらも併《あわ》せてご覧いただければ。

第二章　記念日と二十四節気を狙え！

色々な記念日・年中行事

毎年決まった時期や特定の日に行われる年中行事として、「○○の日には△△を（する・食べる・飾る・贈る）のが伝統」というケースがある。こう言われるとすぐに、いくつかの有名な記念日が浮かんでくるだろう。もっともわかりやすい「伝統ビジネス」だ。

その代表的なものについて見てみよう。記念日と年中行事だ。もちろんこの他にたくさんのものがあるのだが、ここでは何かを買ったり、食べたり、贈ったり……という消費行動に直結していて、なおかつ多くの人がやっているものをピックアップしてみた。（　）内にあるものはその品々である。多くの場合、この他に（ごちそう・会食）というのもついてくる。

もちろん一見してわかるように、カタカナのものはもともと「日本の伝統」ではない。

けれども、今やすっかり定着し、年中行事として馴染《なじ》んでいる。日本人に好まれる要素があったから、こんなに一般的になったのだ。その理由を考えてみるのも、意味がありそうだ。

一月　正月（初詣《はつもうで》・重箱のおせち・福袋）、成人式（振袖《ふりそで》・美容室・写真館）
二月　節分《せつぶん》（豆まき・恵方巻《えほうまき》）、バレンタインデー（チョコレート）
三月　雛《ひな》祭り（雛人形・お寿司《すし》）、お彼岸《ひがん》（ぼた餅《もち》）
四月　お花見（酒）
五月　端午《たんご》の節句《せっく》（五月人形・鯉《こい》のぼり・柏餅《かしわ》）、母の日（花）
六月　父の日（？）
七月　七夕（？）、新暦のお中元（贈答品）、土用《どよう》の丑《うし》の日（鰻《うなぎ》）
八月　旧暦のお中元（贈答品）、各地の夏祭り
九月　お彼岸（おはぎ）
十月　ハロウィン（お菓子・仮装）
十一月　七五三（晴着・写真館）
十二月　お歳暮《せいぼ》（贈答品）、クリスマス（ケーキ）、大晦日《おおみそか》（年越し蕎麦《そば》）

いくつか補足しておこう。

「初詣」

江戸時代以前「恵方詣《まい》り」「年籠《としごも》り」「初縁日《はつえんにち》」というものはあるが、「初詣」はない。これは明治になってから始まった伝統だ。

例年、初詣の人出が多いベストテンは、明治神宮（東京）、川崎大師《かわさきだいし》（神奈川）、成田山《なりたさん》新勝寺《しんしょうじ》（千葉）、浅草寺《せんそうじ》（東京）、伏見稲荷《ふしみいなり》大社（京都）、住吉《すみよし》大社（大阪）、鶴岡八幡宮《つるがおかはちまんぐう》（神奈川）、熱田《あつた》神宮（愛知）、氷川《ひかわ》神社（埼玉）、太宰府天満宮《だざいふてんまんぐう》（福岡）……といった所。

三《さん》が日《にち》で、それぞれ約二百～三百万人くらいの人出がある。

つい、

「一人が百円のお賽銭《さいせん》としても、合計すると……」

などと下衆《げす》な計算をしてしまう。

こういう全国的に有名な所だけでなく、各地にはそれぞれ地元の有名な寺社があり、初詣には数十万人や数万人の人出がある。日本中では、どれくらいの人が初詣に行くのだろうか？　警察庁の調査では、平成二十一年（二〇〇九）に九千九百三十九万人という過去最高の数字がある。

だが実は、毎年続けていたこの調査は、ここでやめてしまっている。理由としては、各寺社からあがってきた数字を積み上げているだけなので、数字の根拠が曖昧《あいまい》。そして、毎年そう変化がない……言われてみればそうだ。誰だって一回や二回は、どこかに初詣に行くだろう。結局は、（初詣の人出人数）≒（動ける日本人の人口）になるのだろうから。

これだけの人がいっせいに動くのだから、お賽銭だけでなく、交通機関や飲食に大きな経済効果がある。もともとが、明治の新産業・鉄道事業の集客のために宣伝され、出来上がった伝統だ。経済効果があるのは当然なのだ。

「成人式」

これは明治以降どころか、戦後に始まった伝統だ。

もちろん古くから「元服《げんぷく》」の儀式はあった。和銅《わどう》七年（七一四）、『続日本紀《しょくにほんぎ》』の皇太子（のちの聖武《しょうむ》天皇）元服の記事が初出のようだ。以降、皇室→公家→武家→豪商→裕福な家庭→一般庶民《しょみん》へ……と、しだいに末端に降りてきて広がるのは、多くの日本の伝統に共通のパターンだ。

けれどそれは、戦前までは個々の家で行うもの。現在のように市町村などの自治体が行うようになったのは、昭和二十一年（一九四六）、埼玉県蕨《わらび》町（現蕨市）が最初。「敗戦によって虚脱状態の、次代を担う青年たちに明るい希望を持たせるため」という主旨で「青年祭」が開催され、そこで行われた「成年式」がルーツとされている（同時期の宮崎県や、戦前の名古屋も、ウチがルーツと言っているが）。

これを受けて、昭和二十四年（一九四九）から一月十五日を「成人の日」とした。もともとこの日は「小正月《こしょうがつ》」で、元服の儀が行われていたという理由からだ。のち、ハッピーマンデー制度で一月の第二月曜になっている。「ずいぶん都合よく日付を変えるなあ」という気もするが、まあ、戦前まではなかった伝統なのだから、日付にこだわることはないのかもしれない。

なにしろ、同い年の若者たちが一堂に会するのだ。女性は美しく着飾りたいし、親もそうさせてあげたい。なんとなく古くからの伝統行事のような雰囲気があるので、やっぱり日本の伝統衣装である和服を着たい・着せたいと考えるのは、自然な感情だろう。

振袖の市場規模はレンタル・販売合わせて約七百億円。その九割が成人式といわれている。着物市場全体が縮小し、少子化が進行する中で、これは大きい。とくに振袖は、重ね襟《えり》、髪飾り、羽毛ショール、草履《ぞうり》とバッグのセット……などと小物アイテムが多いのが特徴で、二十〜二十五点も必要になる。こうなると一人で着るのはまず不可能なので、着付けも必要になる。

和装業界だけでなく、美容業界、記念写真の写真館など、ビジネスの裾野《すその》が広い。いくら一生に一度の記念といっても、親、本人にとってちょっと負担が大きい。

そこにつけこんで、二〇一八年に、振袖レンタル・販売業者が予約を受け付け、お金を取っておいて突然雲隠れする「はれのひ事件」がおきたのは記憶に新しいところ。成人式は、そういった悪事の誘惑があるほどの、大きな「伝統ビジネス」になっているというわけだ。

ちなみに男性の場合、ヤンキーならばド派手衣装で暴れたい。こっちのほうもそれなりのビジネスになっていそうなのだが、残念ながらそういう市場規模の統計は見当らなかった。

さて、二〇二二年から日本の成人は十八歳になる。多くの若者が高校三年生だ。大学を受験する人は、受験直前の一番大変な時が成人式とぶつかる。これまで同様に、振袖を着て華やいでいられるのだろうか？

さらに移行年に限ってみると、十八歳、十九歳、二十歳すべてが「成人式」の対象年齢になるのだ。これは和装業界にとっては千載一遇《せんざいいちぐう》の特需なのか、それとも今後は死活問題になるのか？

「恵方巻」

これは、コンビニ各社のおかげで一気に全国的になった。「恵方」という古めかしい言葉のおかげでずいぶん昔からあるイメージだが、そう古くはない。だいたい、巻寿司が誕生するのは江戸時代中期。それ以前に遡《さかのぼ》れるはずもない。大阪府すし商環境衛生同業組合が平成二年（一九九〇）に作ったチラシによると「幕末から明治の頃はじまった」とあるが、これも定かではない。

この名前になったのは平成になってから。しかも平成十年（一九九八）、セブン‐イレブンでの売り出しからだ。それ以前は「幸運巻寿司」「丸かぶり寿司」「招福巻」など、色々だった。かつて、「恵方巻」の名称を巡《めぐ》って裁判になった時、大阪高裁が出した判決文にはこうある。

《遅くとも昭和七年ころには大阪の一部地域において、節分に恵方を向いて巻き寿司を丸かぶりする風習が行われるようになった》

現在、セブン‐イレブンだけでも、六百万本を売っている。最近では「恵方ロールケーキ」なども登場し、もはや、

「巻いていればなんでもいいじゃないか」

という状態にもなっている。

それを、

「古くからの日本の伝統なのに、ケシカラン！」

と怒り、たしなめる気分にあまりならないのは、恵方巻の新しさのせいだろうか。

「重箱のおせち」「雛祭り」「端午の節句」「七五三」「お中元」「お歳暮」

もちろんこうした伝統・行事は古くからあった。けれど、全国的にみんなが行うようになったのは、明治三十年代にデパートができてからのようだ。庶民が豊かになっていったのが大前提だが、戦後、これらの伝統ビジネスはデパートの宣伝戦略によって拡大していった。

しかしそのデパートは、最近小売業として力を失ってきている。地方では閉店も相次いでいる。お中元・お歳暮を贈る世代が高齢化するのにあわせ、こうした伝統行事の市場規模も縮小しているのだ。

代わって、コンビニが主導する恵方巻が、あれよあれよと大きなビジネスになって登場してきたのを、私たちは目《ま》の当りにしている。あれがもし、デパ地下の食品売り場主導の伝統行事だったら、どうだったろう？　きっと、もっと重々しく伝統感・高級感を演出し、単価も高いものになっただろう。

カジュアルな日常のコンビニ主導でなければ、これほど急速に広がったかどうかは疑問だ。

《昔・デパート、今・コンビニ》なのだ。

伝統ビジネスは、小売業の栄枯盛衰《えいこせいすい》とともに移り変わっていくようだ。今後はネット通販から、新しい伝統ビジネスが生まれるのかもしれない。

そういえば最近は、デパートのギフト売り場も急にSNSでの「インスタ映《ば》え」を重視するようになってきた。「流行に乗り遅れるな」「若い世代にもアピールしたい」「需要の掘り起こしを」……という販売側の気持ちはわかる。しかしはたして、お中元・お歳暮の販売促進にインスタ映えが有効なのかどうか？

「バレンタインデー」

昭和三十三年（一九五八）、東京のメリーチョコレートが、「バレンタインデーに女性から男性に、愛の告白とともにチョコを贈ろう」とキャンペーンを始めたのが最初、というのは有名だ。それが日本独自のものであるのも、有名。

やがて「義理チョコ」の登場が、日本人らしい発明。ここから先は完全に「日本の伝統」と言っていいのではないだろうか？　現在は「義理チョコ」だけでなく「友チョコ」「自分チョコ」「逆チョコ」「シェアチョコ」……などのバリエーションが増え、まあハッキリ言えば、

「チョコが売れればなんだっていい」

という状態になっている（と、ここに書き写しているだけでまんまとその戦略に乗せられているようで、忸怩《じくじ》たる思いもあるけど）。

バレンタインデーの市場規模は、約千四百億円。二月のチョコレート消費額は、他の月平均より二・八倍も多いのだ（総務省統計局「家計調査」）。そりゃ、チョコレート業界はやめられないわけである。

この大成功事例を目の当りにして、他の業界が「ウチだって」と思うのは、当然だろう。「○○の日には○○を贈ろう・食べよう！」という多くのフォロワーを生むことになった。そのほとんどは、販売側の思惑《おもわく》が強すぎて定着しなかった。死屍累々《ししるいるい》である。そんな中で成功をおさめたのが、先に述べた「恵方巻」。そして、イメージ的に似ている「ハロウィン」もそうだろう。

＊

こうした伝統的な記念日・年中行事で、みんなが同じ時に同じことにお金を使う。そう

いう風潮を、

「日本人特有の横並び意識」

「周囲からの同調圧力でやっている」

「慣習でやっているだけ」

などと批判する方は多い。たしかにそれもあるだろう。しかし、それだけではないと思う。

「みんなと同じ『祭り』に参加したい」

という気分が、ポイントなのではないだろうか。

今どき「バレンタインデーにチョコで愛の告白というのは、日本独自の風習」というのは誰でも知っている。「恵方巻というのは、どうやらあまり歴史がなさそうだ」というのも、みんな薄々思っている。「お花見」は、桜をめでるだけならべつにわざわざ混雑する場所に出かけなくてもいいのだ。けれど毎年それをやるのは、

「あれから一年たった」

「今年も、この伝統行事を迎えることができた」

「そのために、いくばくかのお金を使うこともできる」

という一年が巡ってきたことの「周年無事確認よかったね行為」であり、子供が参加す

る場合は「成長確認られしい行為」であり、年配の方の場合は「来年もまた元気でこの日を迎えたい願望行為」でもある。それを、多くの人々と一緒の祭りに参加する形で楽しみたいのだ。

だから実は、そこに使われるものがチョコだろうと太巻きだろうと、初詣だろうと鰻の蒲焼《かばやき》だろうと……なんだっていいのだ。大切なのは、みんなと一緒に同じ流行《はや》りごとに参加すること。でもそれだけでは、なんだかただ浮かれているだけのように思える（浮かれているだけでもいいとは思うのだが）。そこに、

「これは古くからの日本の伝統である」

「私は、先人から伝わるその伝統に参加している」

「そしてこの伝統を、次代に伝えよう」

という歴史的後ろ盾《だて》があると、なんとなく安心できるし、誇りにさえ思える。

そのものズバリ、有名寺社のお祭りがそうだ。あれも典型的な伝統ビジネスだ。お神輿《みこし》を担《かつ》いでワッショイワッショイやるかやらないかの違いだけで、基本的にすべての伝統行事は「お祭り」なのだ。

たとえば、四百年の「伝統」を誇る祭りであり、盆踊《ぼんおど》りでもある阿波《あわ》おどり（この名前になったのは昭和初期だが）。その本家ともいえる徳島市阿波おどりが、「実はずっと赤字

だった」という理由で、二〇一八年、市長がフィナーレの「総おどり」中止を発表。これに対し、「こっちは昔から、踊る阿呆《あほう》じゃ!」と反発した踊り子連が独自に踊って、やんやの喝采を浴びたのは記憶に新しい。みんな祭りに参加したいのだ。

もっとも、「有料」で「観光客に見せる」「総おどり」は一九七〇年代からのもの。県と市から補助金も受けてきた主催団体(新聞社と観光協会)が、本当にずっと赤字だったのかどうかもよくわからない。普通は、ビジネスとして成立していなければそんなに長い間続かないのだから。

ところで、さきほどの一年の記念日・年中行事を見ると、手薄な月があることに気がつくだろう。四月、六月、九月……あたりが弱い。ということは、そこに伝統ビジネスの余地があるのでは?

いや、もちろんそこに古くからの記念日・行事がないわけではない。

四月……灌仏会《かんぶつえ》(花祭り)、十三詣り
六月……虫送り、大祓《おおはらえ》
九月……重陽《ちょうよう》の節句、十三夜

どれも由緒《ゆいしょ》ある伝統なのだが、なにをどう祝って、どうビジネスに結びつければいいのかわからない。それぞれ、関連する品があるにはあるのだが……。

灌仏会はお釈迦《しゃか》様の誕生日で、甘茶《あまちゃ》。「甘茶でカッポレ」のあの甘茶だ。しかし正直言って、甘茶もカッポレもよくわからない。

大祓は、茅《ち》の輪《わ》くぐり。見たことはある。あれはこの日だったのか。

重陽の節句は、菊。五節句（一月七日、三月三日、五月五日、七月七日、九月九日）の中でも、目立たない。菊の花を贈っても、なんだかお仏壇に供えるみたいだし……。

こうした記念日・行事は、かつてわりと広く行われていたものもあるのだが、しだいに行われなくなってきた、というのが正しいようだ。もうほとんど、俳句歳時記《さいじき》の中でしか生き残っていない日本の伝統だ。

これはつまり、

「ビジネスに結びつかない伝統は（それがどんなに歴史があろうと）、しだいに忘れられていく」

ということだろう。ちょっと寂《さび》しい気もするが、それが現実なのだ。

だから、ビジネス側から見ると「伝統を利用する」だが、伝統側から見ると「ビジネスを利用する」という形で生き残り策を考えるのは、けっして悪いことではないだろう。ビジネスチャンスなのだ！

もし利用できそうな手頃な記念日がなくても、大丈夫。他に二十四節気《にじゅうしせっき》というものがあるのだ。

二十四節気と雑節

二十四節気とは、陰暦で一年を二十四等分した季節区分のこと。中国で生まれたものだ。日本でもよく使うので、いくつかは「聞いたことがある」という言葉もあるだろう。

立春《りっしゅん》　雨水《うすい》　啓蟄《けいちつ》　春分《しゅんぶん》　清明《せいめい》　穀雨《こくう》
立夏《りっか》　小満《しょうまん》　芒種《ぼうしゅ》　夏至《げし》　小暑《しょうしょ》　大暑《たいしょ》
立秋《りっしゅう》　処暑《しょしょ》　白露《はくろ》　秋分《しゅうぶん》　寒露《かんろ》　霜降《そうこう》
立冬《りっとう》　小雪《しょうせつ》　大雪《たいせつ》　冬至《とうじ》　小寒《しょうかん》　大寒《だいかん》

天気予報でよく、

「暦《こよみ》の上では春」

とか、
「今日から暦の上では冬」
などと言うのは、立春や立冬のことだ。
「暑中見舞いを出せるのは立秋の前日まで。そのあとは残暑見舞いになる」
とマナー本にはよく書かれている。

他には、「春分の日」「秋分の日」は祝日なので馴染み深いだろう。とはいえ、「昼の長さと夜の長さが同じ」ということでなぜ祝日になるのか？　夏至、冬至は祝日ではないのに……と思っていたら、理由が違っていた。これはお彼岸の中日《ちゅうにち》として休みになっていたのだ。

もともとは明治時代、歴代の天皇やおもな皇族の忌日を、春と秋のお彼岸にまとめて祀《まつ》るため「春季皇霊祭」と「秋季皇霊祭」が祝日となっていた。これが戦後、「春分の日」「秋分の日」と名前を変えて続いていたのだった。なるほど、「紀元節《きげんせつ》」→「建国記念の日」、「明治節」→「文化の日」、「新嘗祭《にいなめさい》」→「勤労感謝の日」みたいなことだったのか。

二十四節気の他に「雑節《ざっせつ》」と呼ばれるものもある。

節分（立春、立夏、立秋、立冬の前日。とくに立春の前日を指す）

彼岸（春分、秋分を中日として前後三日を合わせた、各七日）
社日《しゃにち》（春分、秋分に近い戊《つちのえ》の日。それぞれ春社と秋社と呼ぶ）
八十八夜（立春から数えて八十八日目。だいたい五月二日頃）
入梅《にゅうばい》（梅雨《つゆ》の季節に入ること。だいたい六月十日頃）
半夏生《はんげしょう》（夏至から数えて十一日目。だいたい七月二日頃）
土用（立春、立夏、立秋、立冬の直前十八日間。夏の土用が有名）
二百十日（立春から数えて二百十日後。だいたい九月一日頃）
二百二十日（立春から数えて二百二十日後。だいたい九月十一日頃）

以上を見るとすでに「伝統ビジネス」と結びついている言葉がいくつかある。食べ物だけでいうと……、

「節分」……豆まき、恵方巻
「土用の丑の日」……鰻
「彼岸」……ぼた餅、おはぎ
「八十八夜」……お茶
「半夏生」……蛸《たこ》、うどん、鯖《さば》

「冬至」……ゆず、かぼちゃ、小豆粥《あずきがゆ》、「ん」のつくもの

しかし、まだまだビジネスに活用されていないものが多い。二十四節気、雑節は「伝統」ということにかけては申し分ないのだ。歳時記を見ればそれぞれに由来がある。その季節の旬の食べ物だってある。この中からなにかを持ってきてビジネスに活用すればいいのだ。そしてそこには実は、大切なポイントがある。ただやみくもに、古い伝統を引っ張り出してみても駄目なのだ。

どうやら、

「ああ、それをやられちゃ弱いなあ」

という、日本人が好きな伝統のパターンがあるようなのだ。

日本人が弱い「伝統」のパターン

ここまで見てわかるように、

《日本人は伝統好きで保守的》

だ。これは間違いない。けれど同時に、

《日本人は新しいもの好きでミーハー》

の一面も持つ。まったく逆だ。

この矛盾《むじゅん》する二つを合わせると、

《新しく登場したけれど、実は古い伝統をバックボーンに持っているもの》

となる。

実は、日本人はとくにこれに弱い。

最近で一番いい例が「恵方巻」だろう。

たしかに以前から大阪の一部地域で行われていたようだが、全国の人には新しく登場した風習だ。ところが、そのバックボーンである「恵方」は千年以上昔からある古い伝統だ。私たちはこれに安心して、祭りに参加する。つまり「幸運巻寿司」や「丸かぶり寿司」では、駄目だったのだ。「恵方巻」という名前になることで、全国に爆発的に広がったのだ。

二十四節気	立春　雨水　啓蟄　春分　清明　穀雨 立夏　小満　芒種　夏至　小暑　大暑 立秋　処暑　白露　秋分　寒露　霜降 立冬　小雪　大雪　冬至　小寒　大寒
雑節	節分　彼岸　社日　八十八夜　入梅 半夏生　土用　二百十日　二百二十日

日本では昔から（　　　　　）には○○を（する・食べる・飾る・贈る）伝統があります。

〈伝統ビジネスの候補日〉

今となっては不明だが、おそらく明治時代の「初詣」もそういう形で受け入れられたのだと推察できる。ここで「新しく登場したもの」は「鉄道」だ。「平安神宮」「都《みやこ》をどり」……など、京都がらみの伝統には、そういうものが結構ある（これについては〝「京都」マジック〟の項で詳しく触れる）。

「神前《しんぜん》結婚式」もそうだ。

だいたい日本には「神の前で愛を誓う結婚式」なんてものはなかった。ここで「新しく登場したもの」は「西洋のキリスト教式結婚式」だ。それと、伝統のバックボーンとして「神社」「三々九度《さんさんくど》」「花嫁の角隠《つのかく》しや綿帽子」などが合体した。これらはたしかに古くはあるが、もともと婚礼とは関係ない（148ページで詳しく触れる）。

かつての「バレンタインデー」もそうだった。二月十四日にプレゼントを贈るという行為は「西洋から新しくやってきたもの」だ。しかも、日本風にアレンジされ女性から男性にチョコレートを贈って愛の告白をするというのだから、相当新しい。けれど、バックボーンには千七百年以上も昔の聖バレンタイン司祭に発する西洋の長い贈り物文化の伝統があった。それとヤットになることで、日本人は伝統を感じ、受け入れたのだ。もっとも、チョコレートが固形になったのはようやく一八四八年。日本ではそろそろ幕末に向かう頃なんだが。

「ハロウィン」もそう。

直接的には東京ディズニーリゾートの仕掛けだが、バックボーンには欧米で古くから行われてきた「トリック・オア・トリート」の伝統がある。これは仕掛けた時期もよかった。一九九〇年代の日本では、アニメオタクたちによるコスプレ文化が有名になっていた。けれど一般の人は「コスプレは面白そう。けれど自分はそれほどオタクではないし、ここはアキバでもないし」と思っている。そうした土壌ができた中だったから、多くの人がハロウィンの仮装に参加したのだろう。

振り返ってみれば「クリスマス」もそうだ。ほとんどの日本人には、あれは宗教的行事ではなく、西洋から新しくやってきた古い伝統を持つお祭りだった。

二十四節気は、現在ほとんど気象情報の蘊蓄《うんちく》や時候の挨拶《あいさつ》に使われるだけだ。しかしこれは「古い伝統としてのバックボーン」なのだから、そこに「新しく登場したもの」をセットにすればいいのだ。

「日本の伝統として、実は昔からこの日にはこういうことをしていた。けれど、あまりメジャーではなかった（もしくは、一部の地域で行われていた。あるいは、一時途絶えていた）。それが現代風にアレンジされて復活した」

という物語性があれば、申し分なし。さあ、歳時記をひもといてみよう！

日本人が弱い「ネーミング」のパターン

そうやって、伝統ビジネスが展開できそうないい記念日を見つけたとしよう。では、そこで使われる品々にどんな名前をつけるか？　実はそこに、日本人が好きな名前のパターンがあるのだ。

たとえばあなたは、日本の伝統やしきたりに詳しい専門家が、こう言うのを聞いたことがあると思う。

「こういうお祝いの席では、伝統的に鯛《たい》を食べるしきたりがあります。これにはメデタイという意味があります」

たいていは、

「ははあ、なるほど」

などと感心して聞いているが、心の中では、

(それって、ただのダジャレじゃないか？)

と思っていないだろうか？

単に鯛がおいしいからとか、この季節に鯛が獲《と》れるからではいけないのだろうか？

実は、もっともらしく語られる日本の伝統やしきたりにはこういったダジャレが多い。現代の私たちが日常生活で使うとただの「ダジャレ」であり、「語呂《ごろ》合わせ」だ。ひどい場合は「オヤジギャグ」とバカにされる。けれど伝統やしきたりの中で使うと、感心される。「日本人の言葉遊びの伝統」などと、もっともらしい言い方すらされる。

他には、こういうパターンもある。

「年越しにお蕎麦を食べる理由は……蕎麦のように細く、長く生きるという意味です」

「ははあ、なるほど」

(大喜利《おおぎり》か！)

思わず「そのココロは？」と入れたくなるような伝統も、けっこうある。「どうだ、うまいこと言っただろ」感が強い。

さらに、こういうケースもある。

「結納《ゆいのう》には、寿留女が欠かせません」

「なんですか？」

「スルメです。おめでたい席なので縁起をかついでこう書きます、寿が留まる女と書いて、ス・ル・メ」

(当て字じゃないか！)

忌《いみ》言葉を嫌ってスルメをアタリメと言いかえることがあるが、文字そのものを縁起のいい漢字に置き換えることもある。こういうのも「言葉遊びの伝統」とか、あるいは「言霊《ことだま》信仰」などと、もっともらしく解説される。が、要するに「当て字」だ。

日本の伝統やしきたりには、「ダジャレ」と「大喜利」と「当て字」がけっこう多い。だいたい、この「大喜利」だって「大切り」の当て字。ということは、日本人はこういうネーミングが好きなのだ。

では、伝統を語る時によく出てくる有名なところをいくつかあげてみよう。それぞれ、理由の下に【ダ】【喜】【字】とつけてみた。

まずは縁起を担ぐ慶事から。

年末の伝統としきたり

「年越し蕎麦」……蕎麦のように細く長く、長寿であるように。【喜】

「門松《かどまつ》を二十九日に立ててはいけない」……九と松で「苦待つ」に通じるから。【ダ】

「餅を二十九日に搗《つ》いてはいけない」……九（苦）餅になるから。【ダ】

日本語では伝統的に、四（死）と九（苦）は嫌われます。【ダ】

でも結婚式は「三々九度」だ。縁起の悪い数字の九でいいんだろうか？　この場合は、

「めでたい三を重ねたものなので、よいこと」とされている。なんだか都合がいい。

正月飾りの伝統としきたり

「ダイダイ」……代々繁栄するという意味。【ダ】
「ウラジロ」……裏返しても潔白であるということを表している。【ダ】
「串柿」……柿は長寿の木であり、「幸せをかき集める」という意味で。【ダ】
「海老《えび》」……腰が曲がるまで長生きできるように長寿を祈る。【喜】
「昆布」……よろこんぶ。【ダ】

おせち料理の伝統としきたり

「黒豆」……マメに働く、マメに過ごせるように。【ダ】
「数の子」……二親（にしん）からたくさんの子が産まれると、子宝を願って。【ダ】【喜】
「たたきごぼう」……地中深く根を張るので、家の土台がしっかりする。【喜】
「昆布巻き」……よろこんぶ。【ダ】
「長老喜」……ちょろぎ。長寿を願う縁起物として。【字】
「酢蓮《すばす》」……れんこんは穴が空いていて先を見通すので。【喜】

「海老」……腰が曲がる歳《とし》まで長生きできるように。【喜】
「鯛」……めでたい。【ダ】

昆布と鯛と海老の、オールマイティー感が凄《すご》い。

なお、おせちの重箱については、「正式には四段です。三は完全な数を示し、それにもう一段重ねることで最上級を意味します」という蘊蓄がある。おせちを重箱に詰めるのは明治になってデパートが宣伝してから広まったもの。だから、このもっともらしい由来も明治以降に考えられたものだろう。だけど、四は縁起が悪かったんじゃなかったっけ？

結納と結婚式の伝統としきたり

「勝男節」……かつおぶし。男性の力強さをイメージして。【字】
「寿留女」……するめ。噛《か》めば噛むほど味が出る夫婦になるように。【字】【喜】
「子生婦」……こんぶ。よろこんぶ。子孫繁栄を表す。【字】【ダ】
「家内喜多留」……柳樽《やなぎだる》。酒樽のこと。【字】
こうした当て字の伝統は、新しく入ってきた習慣である指輪ですら、
「結美和」……ゆびわ。【字】

と変換される。ほとんど、ヤンキーの「愛羅武勇」（アイラブユー）と同じだ。最近のキラキラネームのルーツは、こういうところにあるのかもしれない。

「花嫁衣装の白無垢《しろむく》」……相手の色に染まる。【喜】

「花嫁衣装の角隠し」……怒りを意味する角を隠す。【喜】【ダ】

その他の伝統としきたり

「節分の豆まき」……鬼の目（魔目《まめ》）を射る（煎《い》る）。マメに暮らせるように。【ダ】

「菖蒲湯《しょうぶゆ》」……端午の節句は男の子の行事。「菖蒲」は「勝負」「尚武」に通じる。【ダ】

「引っ越し蕎麦」……おそばに越してきました。細く長くおつきあいを。【ダ】【喜】

年齢に関する伝統としきたり

「男の大厄《たいやく》・四十二歳」……「死に」に通じるから。【ダ】

「女の大厄・三十三歳」……「散々」に通じるから。【ダ】

「半寿」……八十一歳のお祝い。「半」の字を分解すると「八十一」になるから。【喜】

「米寿《べいじゅ》」……八十八歳のお祝い。「米」の字を分解すると「八十八」になるから。【喜】

「白寿《はくじゅ》」……九十九歳のお祝い。「百」から「一」を引くと「白」になるから。【喜】

「茶寿《ちゃじゅ》」……百八歳のお祝い。「茶」のクサカンムリは二つの「十」が並んでいるので、足して二十。下は八十八に分解できる。両方を足すと「百八」になるから。【喜】

「皇寿《こうじゅ》」……百十一歳のお祝い。皇の字を分解すると「白」と「王」。「白」は白寿で九十九。「王」は分解すると「十」と「二」だから十二。九十九と十二を足すと「百十一」になるから。【喜】

もうこうなると、うまいこと言った感が強すぎて、伝統について語っているのか大喜利をやっているのか、わからなくなってくる。最後のほうはだんだん、算数とんちクイズみたいになっている。「皇寿」など、漢字ありきで考えたとしか思えない。「王」は「二」と「十」だから二十……とすることだってできるではないか。その場合、九十九と足して百十九歳のお祝いに設定したっていい。

もっともらしく語られることが多い日本の伝統だが、こんなにも「ダジャレ」と「大喜利」と「当て字」が多い。やはり最初は、「こうやると楽しいんじゃない？」として始まったに違いない。だから、あらたに作る伝統ビジネスも、ダジャレネーミングにしていれば浸透しやすく、古くからあるものに同化するはずだ。

第三章　失敗に学んで、新しく作れ！

伝統ビジネス・失敗の本質

一般社団法人日本記念日協会という所があって、ここに登録されている年間の記念日は約千八百個ある。一年は、閏年《うるうどし》だって三百六十六日なのだから、あきらかにそれより数が多い。だいいち、ここは別に国の機関ではないから、一定の手続きを踏めば誰でも記念日を登録できる。登録されていないものも含めると、年間約二千八百もあるとも言われている。まあ、言葉は悪いが「言ったもん勝ち」「宣言したもん勝ち」なわけだ。

記念日ビジネスと伝統ビジネスは、非常に近い所にある。現在行われている伝統行事の起点、あるいはそれに類する過去の日を記念日にした場合は、当然だ。あらたに設けられた記念日でも、それが長年続けば伝統になるのだから。

何度も引き合いに出して申し訳ないが、バレンタインデーの大成功事例を見て、各業界が我《われ》も我もと「〇月〇日は〇〇の日（だから買ってほしい）」を制定する気持ちはわからなくもない。

日付制定の根拠は、だいたい次の四つに分類される。

①初めて〇〇した日

たとえば六月十日「時の記念日」など。天智《てんじ》天皇十年四月二十五日（西暦換算で六七一年六月十日）日本初の時計（水時計）が初めて鐘を打った日だから。これはわかりやすい。伝統感がある。

②季節にあわせた日

たとえば十月一日「日本酒の日」など。新米で酒造りを始めるのが十月だから。これもまあ、わかる。

③日付の語呂合わせ

たとえば十月十日「銭湯の日」など。1010（せんとう）と読めるから。要するに日付のダジャレ。

④日付の形状見立て

たとえば十一月十一日「電池の日」など。＋－＋－で電池のプラスマイナスみたいだから。ここは大喜利《おおぎり》みたいになる。

こういう言い方は失礼ながら、業界の「売らんかな」が前に出すぎて、キリのいい日や語呂合わせしやすい日を選びがちだ。そのせいで、十月十日など、なんと五十あまりの記念日が重なっている。「目の愛護デー」「缶詰の日」「釣りの日」「トマトの日」「お好み焼きの日」「トートバッグの日」「LPガスの日」「ポテトサラダの日」「美容脱毛の日」……など。

素人《しろうと》が考えたって、競合他社が多い日を選ばないほうが得策だと思うのだが……。日付の認知としては成功しても、それがビジネスになっていなければ、私は失敗だと考えますね。なんとなれば、ビジネスとして成立しない伝統はしだいに廃《すた》れていく——のだから。

失敗した記念日には、どれも共通するポイントがある。

では、その失敗から学んでいくことにしよう。

「なにを贈ればいいのか、なにを買えばいいのか、わからない」

たとえば、ホワイトデー（三月十四日）。これはバレンタインデーの一ヵ月後にお返しをするという、とても日本的な感情で作られた。名前は認知度が高い。主旨も、多くの方が知っている。そこは成功なのだが、はたしてお返しはクッキーなのかキャンディーなのか、マシュマロなのか……。ホワイトデーが提唱された直後からハッキリしていなかったし、それから数十年たった現在もハッキリしていない。

おそらく、それぞれの思惑《おもわく》がぶつかりあって一つに決められなかったのではないかと推測される。人は選択肢が多いと迷うもの。ある程度「この日はこれを贈る・食べる」と決めてもらったほうが、行動しやすい。あとは高いか安いかで迷えばいいだけだから。

例としてあげると、二十四節気《にじゅうしせっき》の所で触れた「冬至《とうじ》」。この日には、ゆず、かぼちゃ、小豆粥《あずきがゆ》、コンニャク、「ん」のつくもの……と色々な食材が関連づけられている。それぞれ小規模には行われているのだが、定番がない。結局これは、どこも得をしないのではないだろうか？　かぼちゃならかぼちゃと決めて料理、和菓子、洋菓子、小物、グッズなどを提案したほうが、消費者としてはわかりやすい（ちょっとハロウィンとかぶるけど）。ゆずは、またどこか別の日にすればいいのではないか？

「高価なものでやろうとしない」

目先の利益を考え、高価なものを買ってもらいたいという「商売っ気」が前面に出すぎるとうまくいかない。母の日はカーネーションだから参加しやすいが、父の日はお酒や、文具、趣味の品など、高価なものを提案しがちだ。前項で触れたように選択肢を絞っていないのに加え、高価なものだと毎年繰り返す伝統になりにくい。

これは、雛《ひな》祭りや端午《たんご》の節句の人形類もそうだ。一回だけ高価なものを購入するより、毎年安価なものを消費することで毎年伝統を感じるほうが、ビジネス的にも、そして伝統を維持するためにも有効だ。安くて消え物で十分。いや、むしろそのほうがいいのだ。

「現世利益を打ち出す」

なにかを贈ったり、食べたりする理由として「〜に感謝する」というのは、たしかに美しい。本来そういうものだろう。けれど多くの人に参加してもらいたいなら、「願いがかなう」「恋が成就《じょうじゅ》する」「健康でいられる」などのご利益《りやく》を打ち出したい。日本の伝統的行事はだいたいそうだ。「五穀豊穣《ごこくほうじょう》」とか「無病息災《むびょうそくさい》」「家内安全」……。伝統を続ける理由というのは、そういうのでいいと思う。

そうしたことを踏まえ、いま虎視《こし》眈々《たんたん》とあらたなる伝統ビジネスを狙《ねら》っているものがある。

あらたなる伝統ビジネスの気配

伝統ビジネスも更新が必要だ。浸透すると、ほぼそれと同時に「なにか新しいものはないか？」という日本人の性向が頭をもたげてくる。

恵方巻《えほうまき》はみごとに成功した。しかし記念日もの食品のネックは、きわめて短期間に売り切らないといけないということ。近年は、従業員へのノルマや大量廃棄問題などで、やや逆風が吹いている。

そこですでに「ポスト・恵方巻」とでも呼べる伝統ビジネスが始まっているのだ。


【初午いなり】


まだ聞きなれないかもしれない。

「初午《はつうま》」とは、二月最初の午の日のこと。和銅《わどう》四年（七一一）、京都の伏見《ふしみ》稲荷《いなり》大社の祭神が稲荷山に降臨した日といわれている。五穀豊穣・商売繁盛の縁日として、古くから比較的広く行われてきた。『枕草子《まくらのそうし》』にも出てくる。これはいい所に目をつけた、と思う。

もともとは旧暦二月なので新暦では三月の春めいた時期だが、現在の新暦二月だと一番寒い時期になる。しかも「午の日」は毎年移動する。そこで「一般社団法人全日本いなり寿司協会」という団体が、毎年固定の二月十一日を「初午いなりの日」として、二〇一八年に記念日登録した。できたてほやほやの記念日だ。

そのホームページによると、

《初午の日は1年で最も運気が高まる日と言われており、その日に合わせて、稲荷神社のお使いである狐《きつね》の大好物「お揚げ」を、いなり寿司《ずし》として食べることで、商売繁昌・産業興隆・家内安全・交通安全・芸能上達・病気平癒《へいゆ》など、様々な幸を願うのが「初午いなり」》

とある。ずいぶん手広いジャンルを取り扱っている。まあ、願うんだからなんでもいいのだろうが。

「願いの数だけいなり寿司を食べると良い」

「命の〈い〉、名を成すの〈な〉、利益を上げるの〈り〉として、3つのいなり寿司を食べると良い」

なども書かれている。願いが多い人はお腹《なか》いっぱいになりそうだ。

寡聞《かぶん》にして「恵方巻協会」なる団体があるかどうか知らないが、明らかに恵方巻の大成功に刺激され、あわよくば取って代わろうという意気込みが見てとれる。すでにコンビニ各社も力を入れている。傍《はた》から見ていると、「どっちも同じ寿司じゃないか」という気もするが……。

これまでの成功した伝統ビジネス《新しく登場したけれど、実は古い伝統をバックボーンに持っているもの》という条件と、《昔・デパート、今・コンビニ》という小売り状況も満たしている。うまくいく可能性は高いのだが、余計なお世話と承知の上で、いくつか追加で考えてみよう。

一、おそらく恵方巻（通常二月三日）を意識して、近い日付（二月十一日）を設定した意気込みや、よし。しかし、バレンタインデー（二月十四日）にも近い。前門の恵方巻、後門のバレンタインデー。これは少し近すぎないだろうか？　人は、そんなに連日伝統ビジネスのためにお金を使ってくれるだろうか。

二月十一日は建国記念の日でもある。たぶん、祝日であることを意識してあえて合わせてきたのだろう。しかし、記念日が祝日であることは、はたして吉《きち》なのか？　少し心配だ。それになんといっても気がかりなのは、その名前と日付の関連だ。固定記念日にすると「午」ではない日が「初午いなりの日」になってしまう可能性が高いのだが、それは大丈夫なのだろうか？（二〇一九年二月十一日は、いきなり卯《う》の日だし……）

なんだか「土用《どよう》の丑《うし》の日は、丑の日でなくてもいい」みたいで、ちょっと違和感を覚えないだろうか？　「今年は〇〇日らしいよ」と話題にすることも含めて楽しめるので、移動記念日も悪くないと思うのだが。

二、ただ「食べましょう」では少し率直すぎて、遊び心がない。恵方巻は、（実際にやっているかどうかは別にして）「その年の恵方を向いて無言で一本を食べる」というイベント性も面白がられたのだ。

たとえば、（お稲荷様が降臨してきたのは夜中だったので）「部屋を真っ暗にした中で、い・な・りの三個を食べる」などという遊びがあると、やってみたくならないだろうか？「人数×三個」の全個数の中に一個だけ「当り」のおいなりを入れておいて、暗闇でそれを選んだ人に一番運が向くとかは、どうだろう？（ちなみに、降臨してきたのが夜中かどうかは知らない。どうせ和銅四年の出来事は誰も見てないだろうから）

こいつ、ずいぶん勝手なことを提案している——とお怒りの方もいるかもしれない。でも、こうやると楽しそうではないか。私はお調子者だから、たぶん一回はやってみると思う。

伝統行事とは、元を正せばこういうことなのではないだろうか？

「なぜ鬼に豆を投げるのか？」

「なぜ鯉《こい》の姿をしたのぼりを立てるのか？」

「なぜ笹に短冊をぶら下げるのか？」

「なぜあんなに長い千歳飴《ちとせあめ》なのか？」

……など、もちろんそれぞれの伝統に由来は用意されている。だが、おそらく最初は、

「そうやると面白いから、楽しいから」

という要素が強かったのだと思う。なにかが始まる時とはそういうもの。だって、その時それは「伝統」ではないのだから。過去に縛られる必要などないのだ。続けるうちに、もっともらしい理由は、あとからいくらでもついてくる。こじつけだってある。

しかし何百年も続いてくると、やがて「古くからの伝統は変えてはいけない」となり、しだいに活気を失ってくる。あるいは、もともとなんのために始まったのかわからなくなる、というケースも多いのだ。

【寒の土用の丑の日】

雑節《ざっせつ》のところで見たように、土用というのは立春《りっしゅん》、立夏《りっか》、立秋《りっしゅう》、立冬《りっとう》の直前十八日間。つまり、年に四回ある。夏の土用が有名だが、もちろん冬の土用もある。これを「寒《かん》の土用」と呼んで、夏と同じく丑の日に鰻《うなぎ》を食べよう、ということだ。これは「ポスト・土用の丑の日」と言うべきか、「プラス・土用の丑の日」と言うべきか？

もともと、鰻の旬《しゅん》は脂《あぶら》がのる冬。なので本当は冬のほうがおいしい。長野県、静岡県な

どでは昔から冬に食べられていたので、伝統といっていいだろう。平賀源内《ひらがげんない》以来（実は文献はないのだが）、鰻は「夏の土用の丑の日」にすっかりお株を奪われてしまったので、「寒の土用の丑の日」を古くて新しい伝統ビジネスとして打ち出しているのだ。

たしかにとてもおいしそうで、理にも適《かな》っているが、そんなに夏・冬両方から絶滅の手伝いをしなくても……という気持ちもなくはない。

【サマー・バレンタインデー】

名前はカタカナだが、日付は七月七日の七夕だ。七夕は織姫《おりひめ》・彦星《ひこぼし》の物語で、ロマンチックな要素が十分にある。そこに寄せて、恋人たちへの記念日を設定したようだ。

七夕は、奈良時代から行われている、まぎれもない日本の伝統行事。しかし、子供が笹に短冊をつける程度では、現代の大人社会ではビジネスにならない。そこで、七夕・星空・織姫と彦星・恋人……という連想でバレンタインデーとなり、「サマー・バレンタインデー」という言葉が生まれた背景は、容易に想像できる。

「バレンタインデーからそろそろ五ヵ月。半期に一度、またチョコが売れてもいいんじゃないか？」

ということだろうか。有体《ありてい》に言ってしまえば、「バレンタインデーの夢よもう一度」である。

ここで贈る品物は、（夏なのに）チョコレートや、さまざまなスイーツ、ひまわりの花（七夕は夜なのに）、それになぜか太巻き……などが提唱されているようだ。コンセプトがバラバラで、あまり盛んになっていない感じが伝わってくる。

よくビジネス書には、

「大きな成功体験をした人・企業・国は、そのやり方を引きずって抜け出せず、しだいに衰退していく」

という教訓的事例が載っているが、バレンタインデーには、まさにそれを感じてしまう。

【イースター】

言ってみれば「ハロウィン」は、「ポスト・バレンタインデー」だったのだが、早くもその次に「ポスト・ハロウィン」と言えそうな動きが始まっている。すでに東京ディズニーリゾートがイースターを推し始めているのだ。

しかし、イースターは日付が難しい。

「春分の日のあとの最初の満月の次の日曜日」

パッと言われても、まったく理解できない。二十四節気と月齢《げつれい》と七曜《しちよう》という、それぞれ別のルールが合わさっているからだ。しかも東方教会と西方教会で日付が違うという。だいたい四月のどこか。年によって三月の末、五月のはじめのこともあるようだ。ずいぶん移動することになる。「初午いなり」のところで「移動記念日も悪くない」と書いたが、それにしたって移動しすぎる。

もちろん、由来は十字架にかけられて死んだイエス・キリストが三日後に復活したことを記念する「復活祭」だ。たいへん宗教性が高い日。

日本人は、キリスト教の儀式・伝統に敬意は払うけれど、あまり宗教性は意識せず、なんとなくオシャレな新風俗として受容してきた。同じく宗教性が高い「降誕祭（クリスマス）」もそうだった。これを「宗教心が薄い」と嘆く方もいるだろうが、「色々なものを受け入れて寛容である」と評価することもできよう。

なのでこれも、《新しく登場したけれど、実は古い伝統をバックボーンに持っているもの》という伝統ビジネス成功の条件に合致しているのだ。

いまのところ、ビジネスとしてはイースターエッグやウサギ関係のグッズだ。どうだろう、ここは「復活」をキーワードに、「二ヵ月前のバレンタインデーに失敗した人の恋が、復活する」とか「四月の進学・就職に挫折《ざせつ》した人が復活する」とかの現世利益《げんせりやく》を謳《うた》ってみては？

第四章　江戸・京都・旧国名を使え！

「江戸」マジック

伝統を語る時に使う江戸という言葉には、二つの意味がある。一つは「江戸時代」という時代区分。もう一つは「江戸＝東京」という場所。江戸時代も日本の都は京都なのだが、江戸という街は将軍のおひざ元として武家の都である。現代における東京ブランドと同じ効果が江戸ブランドになる。

さて、伝統ビジネスにおいては、なによりも時代の古さが価値を持つ。さきほどから何度も言ってきたが「明治以来の日本の伝統」よりも、「江戸以来の伝統」のほうが当然古いので、価値がある。なので、江戸以来を名乗る伝統は多く、私たちも、「ああ、ずいぶん昔からあるんだな」と感じるのだ。

しかし、ちょっと待ってほしい。江戸時代といっても、慶長《けいちょう》八年（一六〇三）の江戸幕府開府から慶応《けいおう》四年（一八六八）の明治維新《いしん》まで二百六十五年もあるのだ。一口に「江戸時代から続く伝統」とは言うけれど、それはいったい江戸時代のどのへんから続いているのか？

江戸時代の初期に始まった伝統ならば、約四百年の歴史がある。しかし、幕末に始まった伝統はほとんど明治初年と同じなのだから、約百五十年の歴史。しかし「江戸時代から」という言い方をすれば、この二つはほぼ同じ程度の歴史があるように受け取られる。ここに「江戸」マジックがあるのだ。

私たちが「江戸時代」でイメージするのは、ほとんどが「時代劇」で見た知識だ。つまり、お侍さんと江戸の庶民《しょみん》の光景。

侍でいうと、竹刀《しない》と防具による剣術が「発明」されるのは、宝暦《ほうれき》年間（一七五一

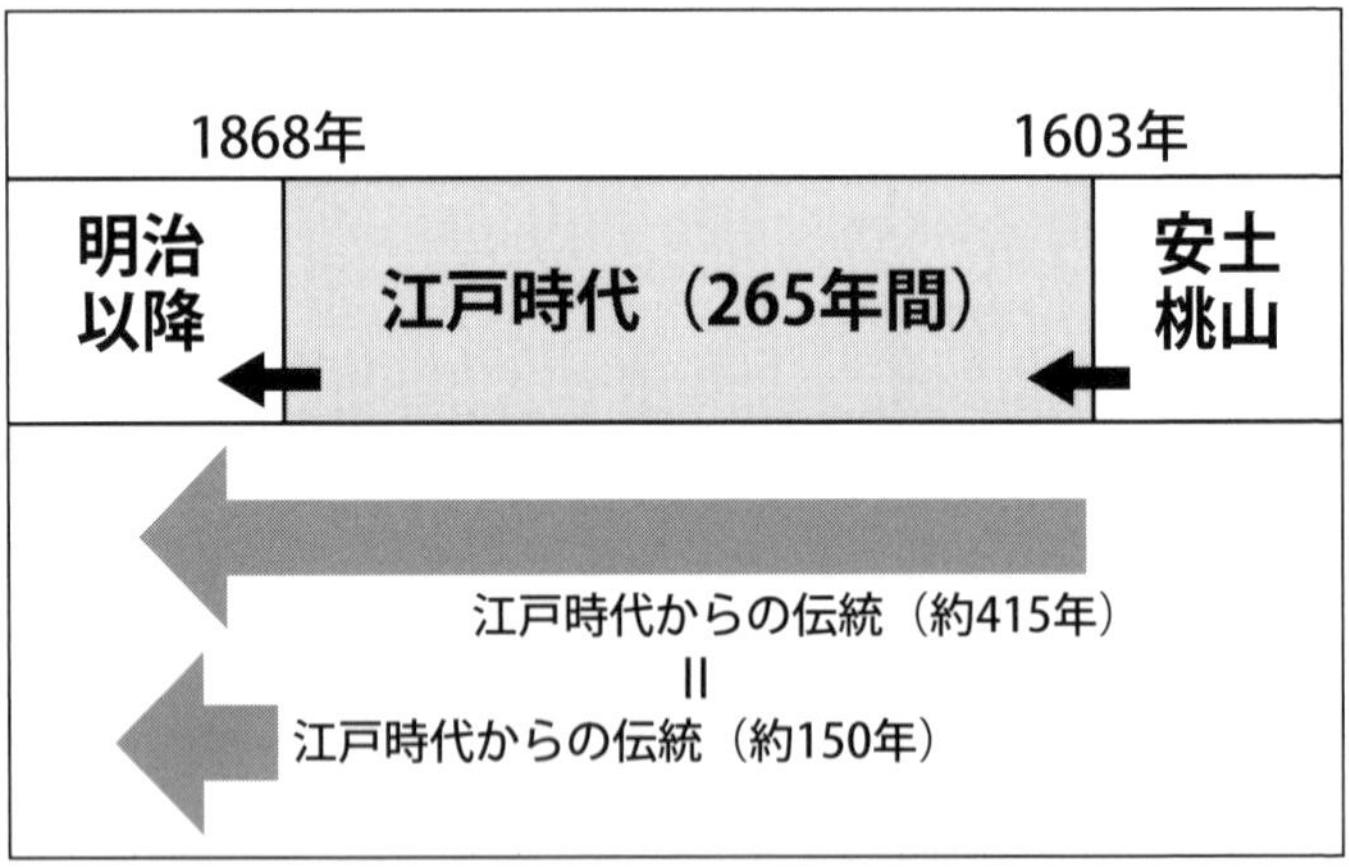

〈「江戸時代から」はこんなに違う〉

〜六四）というから、江戸時代になって百五十年が経《た》っている。あんなこと、江戸時代の始めからやっていないのだ。その呼び名だって「剣術」「剣法」「刀法」「剣技」……など。名前が「剣道」に統一されるのは、明治も過ぎて、大正八年（一九一九）のことだ。

道徳的な意味の「武士道」という言葉は、明治三十三年（一九〇〇）に英語で『Bushido : The Soul of Japan』を書いた新渡戸《にとべ》稲造《いなぞう》が発明したようなもの。江戸時代、これに近い言葉は「武道」だった。「士」がないんですね。

江戸庶民の生活では、落語の寄席《よせ》ができたのは寛政《かんせい》十年（一七九八）。江戸時代になってほぼ二百年経っている。何度も「土用《どよう》の丑《うし》の日の鰻《うなぎ》」として登場してもらうが、鰻が現在のように開く「蒲焼《かばやき》」になったのは元禄《げんろく》年間（一七〇〇年頃）。鰻丼《うなどん》は天保《てんぽう》の頃（一八三〇〜四四）に登場したようだ。江戸前寿司の誕生は、文化《ぶんか》・文政《ぶんせい》の頃（一八〇四〜三〇）。もうあと四、五十年で明治になる時期だ。

浮世絵は江戸初期からあったが、多色刷りが始まるのはようやく明和《めいわ》二年（一七六五）になってから。風景画が人気になるのは、さらにもっとあと。長寿で有名な葛飾北斎《かつしかほくさい》が没したのは、嘉永《かえい》二年（一八四九）。嘉永六年にはペリーが来航するのだ。あと四年生きていれば、あっと驚く構図で黒船の浮世絵を描いていたに違いない。北斎は、幕末まであと一歩という時代の人なのだ。

しかしすべて「江戸時代からの伝統」ということで、間違いはない。私たちはなんとなく勝手に、

「江戸時代は、はじめからずっと、武士道精神を持つお侍さんが竹刀で剣道をやっていて、庶民は寄席で落語を楽しみ、色鮮《あざ》やかな浮世絵を買い、鰻丼や江戸前寿司を食べていたんだろうなあ」

と思い、約四百年の長い伝統を感じるわけである。

これぞ「江戸」マジック。

「京都」マジック

江戸時代も、日本の都は京都だ。その前の安土桃山《あづちももやま》時代もそう。戦国時代は、武将たちが京都に上ってくることを目標にしていた。室町時代は、室町という場所そのものが京都の中だ。その前の鎌倉時代。幕府は鎌倉にあったが、都は京都だ。そしてその前が平安時代。名実ともに京都の時代である。

つまり、鳴くよウグイス（七九四年）の平安京遷都《せんと》から、明治維新で東京に遷都される一八六九年まで（京都の人は奠都《てんと》と言いたがるが）、この国の都はずーっと京都だったのだ。「千年の都」なのだ。

だから、「京都発祥の伝統」という言葉は、伝統ビジネスにおいてとても価値がある。その言葉の前では、「江戸以来の伝統」などあまり価値がない。「明治以来の伝統」など、ほとんど無力だろう。不思議なもので、もっと古い「奈良」より、たぶん「京都」のほうが価値がある（あわてて断っておきますが、これはビジネスとしての伝統の価値のこと。伝統そのものは、長短がそのまま優劣につながるわけでもないでしょう）。

伝統ビジネスにおいて「京都ブランド」は大きい。たかだか（とあえて書く）二百六十五年の江戸でさえ「江戸」マジックがあったのだ。千年の都・京都の「京都」マジックの大きさは絶大だ。なにしろ、平安

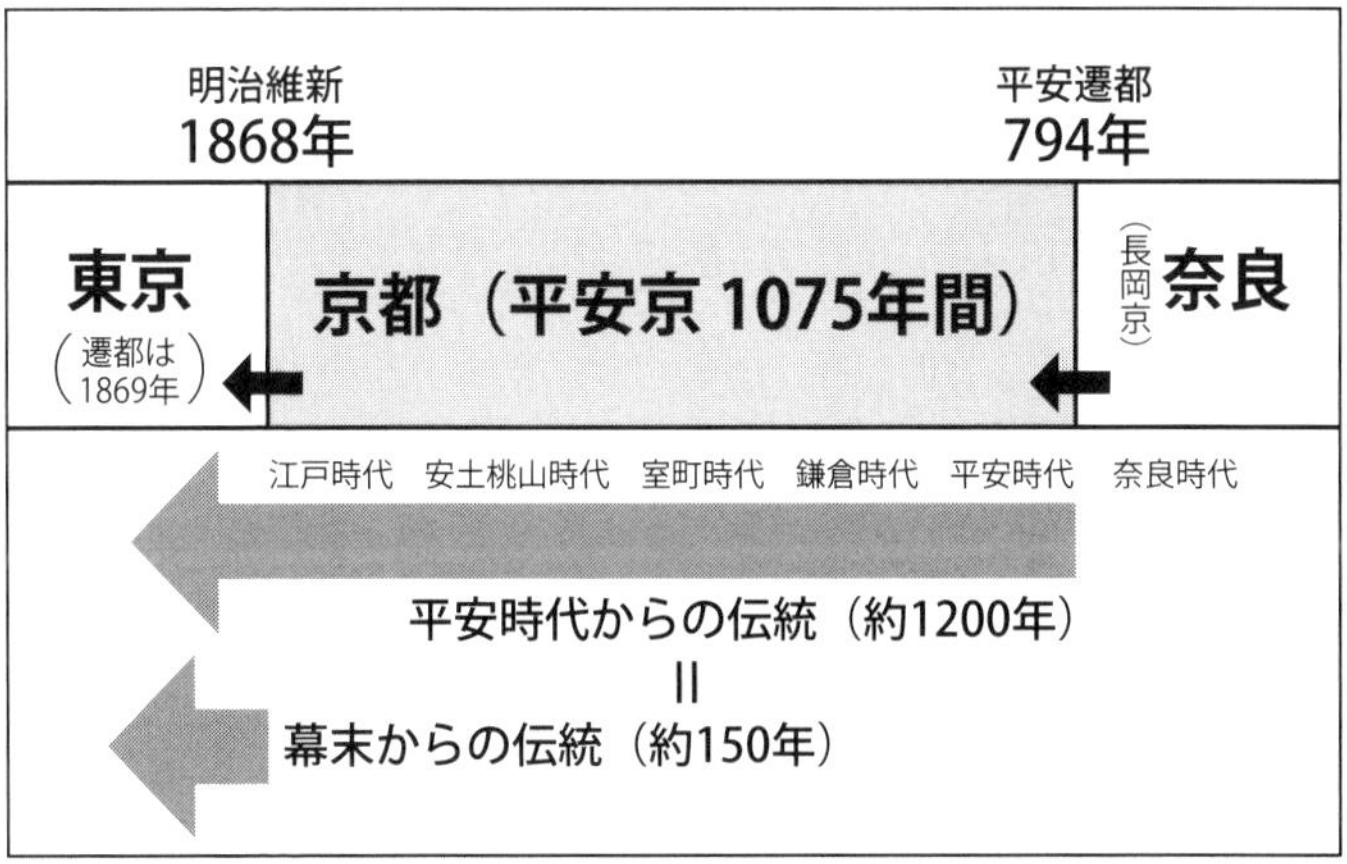

〈「京都の伝統」が重いわけ〉

時代発祥の伝統も、江戸幕府の幕末に始まった伝統も、「京の都で始まった伝統」という点では同じ。いや、それどころか、実は明治以降に始まったものですら、平安時代から連綿と続いている伝統感が出てきてしまうのだから。

有名なところでは、次のような京都由来のものが、実はかなり新しい時代に誕生している。

「千枚漬け」慶応《けいおう》元年（一八六五）
「都《みやこ》をどり」明治五年（一八七二）
「平安神宮」明治二十八年（一八九五）
「時代祭」明治二十八年（一八九五）
「よーじやのあぶらとり紙」大正中頃（一九二〇頃）
「万願寺《まんがんじ》とうがらし」大正末〜昭和初期（一九二六頃）
「ちりめん山椒《ざんしょう》」昭和四十六年（一九七一）

名前だけみると、どれも平安の昔から京都の伝統として続いていそうに思えるところが、ミソ。

ちなみに、「千枚漬け」を含む京都三大漬物の、他の二つは、

「しば漬け」　平安時代の終わり

「すぐき漬け」　安土桃山時代

とイメージ通り、長い伝統がある。

「時代祭」を含む京都三大祭りの、他の二つは、

「葵《あおい》祭」　上賀茂《かみがも》神社・創建天武《てんむ》天皇七年（六七八）　下鴨《しもがも》神社・創建不詳（BC九〇？）

「祇《ぎ》園《おん》祭」　八坂《やさか》神社・創建斉明《さいめい》天皇二年（六五六）

とこれまた古い。平安京以前だ。

「万願寺とうがらし」の他の京の伝統野菜は、

「九条ねぎ」　平安前期の承和《じょうわ》年間（八三四〜四八）に九条で栽培

「みずな」　『和名抄《わみょうしょう》』（九三五頃）に記述あり

「堀川ごぼう」　安土桃山時代・聚楽第《じゅらくだい》の堀で（一六〇〇頃）

「加茂なす」　貞享《じょうきょう》元年（一六八四）

「聖護院《しょうごいん》かぶ」　享保《きょうほう》年間（一七一六〜三六）

とみんな古い（ただし「万願寺とうがらし」は新しいだけでなく、実は京都市でなく、京都府舞鶴《まいづる》市の野菜。そこで、京の伝統野菜に「準ずる」と、そのへんの線引きはされている）。

「よーじやのあぶらとり紙」は、京都の映画産業の要請。撮影時の顔のテカリを押さえる

ために生まれたもの。デザインに「舞妓《まいこ》さん」を使っているので、つい、昔から舞妓さんが使っていたんだろうな、と思ってしまう。

こういうふうに「すでに古い伝統があるもの」の中に取り込んでしまえば、たとえ明治以降のものでさえ、さながら平安時代から続いているかのように思える。このあたりが、さすが千年の都の知恵。京都は伝統感の演出がうまい。

「都踊り」ではなく「都おどり」でもなく、「都をどり」。この「を」が持つ時代感の演出には、千年の都の叡智《えいち》すら感じられる。

平安遷都千百年で創ったので、「平安神宮」。あれは、遷都千百年祭にあわせて誘致した内国勧業博覧会《ないこくかんぎょうはくらんかい》の、いわば当時のパビリオン。平安京の大内裏《だいだいり》の一部を八分の五の大きさで復元したものが元になっている。

その他にも、ただの「おかず」を「おばんざい」と呼び、古くからの都会なので町家《まちや》が多いのは当然だが、それを「京町家」と呼び始めたのは、ともに昭和四十年代からのことだ。

実は京都は以前からずっと、一世帯あたりのパン、コーヒー、牛肉の消費量が全国一。すべて、あきらかに明治以降のアイテムだ。なのに、最近では、なんとなく京都の伝統をまとった名物グルメになってきている。京都マジックおそるべし。お土産菓子《みやげ》の「おたべ」「さんど」「ばあむ」などのひらがな多用……と京都っぽいネーミング感覚もなかなかのもの。

ここで誤解をしてほしくないのだが、私はこういった手法を責めているわけではない。むしろ感心している。なぜかというと、

「日本人はみんな、京都には伝統があってほしい」

と思っているからだ。それに対して京都側も、

「伝統感を演出してお迎えする」

というわけだ。

京都に行ってお店に入ると、バイトの女の子でも、たいていは、

「おこしやす」

と京都弁で迎えてくれる。いまどき、全国どこでも若者は標準語が喋《しゃべ》れる。日本の他の地方で、うっかり方言が出たのとも違う。「あえて」京都弁を使っているのだ。だって、そのほうがお客さんが喜ぶのだから（そして、そのアルバイトさんは九州出身だったりするのだが）。

京都の舞妓さん・芸妓さんは有名だが、彼女たちは京都出身というわけでなく、全国各地からやってきているのも有名だ。でもそれに関し、誰も文句を言いはしない。観光客は

京都の伝統の風景として舞妓さんを眺《なが》めるし、舞妓さんもそういう立場で振る舞っているのだ。

京都のお土産だって、いかにも京都らしい和菓子や、抹茶《まっちゃ》や、ニッキ、わらび粉、山椒……などを使っている。人々が京都に対して持つイメージに沿っているのだ。

個々のケースについては、企業のマーケティング担当や広告屋さんだって思いつくだろう。京都が凄《すご》いのは、「街全体」がその戦略・戦術を理解して動いているという点だ。よく訓練されたサッカーチームが、個のプレーを生かしながらも、アイコンタクトや阿吽《あうん》の呼吸で組織として連動しているのに似ている。

日本人は、

「京都には上手に騙《だま》されたい」

と思っており、京都もまた、

「上手に騙してあげよう」

と応えている。「騙す」という言葉がイメージ悪いのなら、「夢を与える」と言いかえてもかまわない。両者がわかった上で、同じ夢を見ている。なんとなく、恋愛のようでもある。「京都の伝統」とは、京都人と日本人全員による共同幻想なのだ。しょせん「伝統」とはフィクションなのだから、それでいい。

お互いに依存しあって成立しているというわけで、私はこれを、「京依存《きょういぞん》（共依存）」と名付けた。

最近は、海外の観光客にも同じ手法で対応している。最初のほうで述べた外国人観光客に向けたレンタル着物サービスがそうだ。

京都府のホームページによると、二〇一七年の「京都観光消費額」は、京都市で一兆一千二百六十七億円。過去最高額を記録している。京都観光の多くの部分が「伝統」の魅力であることは異論がないだろう。

これぞ「京都」マジック。インバウンドとかクールジャパンとか、なんかカッコよさげな横文字を並べておいて実は惨憺《さんたん》たる目にあっている政府の役人たちも、少しは京都のしたたかさに学んだほうがいいのではないか？

「旧国名」マジック

「江戸が凄いのはわかった。京都がもっと凄いのもわかった。けれどここは、東京でも京都でもない。なんの変哲もない一地方だ。こういう場所で伝統ビジネスは成立しないのか？」

という声には、

「旧国名があるので大丈夫です」

とお答えしたい。

薩摩《さつま》、長門《ながと》、土佐《とさ》、和泉《いずみ》、紀伊《きい》、遠江《とおとうみ》、信濃《しなの》、甲斐《かい》……などというあれだ。時代によって区分が異なるが、普通、六十余州と言われている。それぞれに、薩州、長州、土州、泉州、紀州、遠州、信州、甲州……などの別名もある。鹿児島県、山口県、高知県、大阪府、和歌山県、静岡県、長野県、山梨県……と言うより、ぐっと伝統感が高まる。

遠くは律令《りつりょう》制時代に名付けられたのだが、明治になる前まで使われていた旧国名。使わなくなった現在も、地元の人はもちろん知っている。駅名や市町村名に使われているので、他の地方の人も「あ、そうか」と気づくだろう。

明治より前の地名がついているものであれば、明治より前からあったと思うのが普通。たしかにそういうケースは多いが、そうではないものもある。

名前に旧国名がついた有名な地方名産品がそれだ。カッコ内はその名前ができた年。すべて二十世紀だ。当時、どこもすでに現在の県名になっていた。けれど旧国名ネーミング

〈旧国名地図〉

陸奥
出羽
佐渡
越後
能登
下野
上野
常陸
越中
武蔵
下総
加賀
飛騨
信濃
若狭
甲斐
相模
上総
越前
山城
美濃
駿河
安房
隠岐
丹後
尾張
三河
遠江
伊豆
但馬
伯耆
因幡
丹波
出雲
美作
播磨
摂津
近江
伊勢
石見
備中
備前
備後
大和
志摩
淡路
安芸
讃岐
阿波
紀伊
伊賀
対馬
長門
周防
和泉
土佐
河内
伊予
筑前
豊前
壱岐
筑後
豊後
肥前
肥後
日向
薩摩
大隅

のおかげで、

「旧国名の頃からあったんだろうな」

とみんなが思い、伝統感が増す。

下段は、もしその時の県名をつけていたらどうなっていたか、だ。

日向《ひゅうが》かぼちゃ（一九〇七年）　宮崎かぼちゃ
讃岐《さぬき》うどん（一九六〇年代）　香川うどん
越前《えちぜん》竹人形（一九六三年）　福井竹人形
伊予柑《いよかん》（一九六六年）　愛媛柑
飛騨《ひだ》牛（一九八八年）　岐阜牛

どうだろう？　別に現在の県名を悪く言うつもりはないが、「香川うどん」や「岐阜牛」では、これほど全国的に人気になったかどうか疑問だ。味はまったく同じでも。

そういえば最近、旧国名をつけたブランド和牛が多いと思わないだろうか？　「近江《おうみ》牛」「伊賀《いが》牛」「但馬《たじま》牛」「能登《のと》牛」「若狭《わかさ》牛」「石見《いわみ》和牛」「上州和牛」……明治より前、日本ではおおっぴらには肉を食べてなかったはずなのに。

どのブランド和牛も、旧国名が冠してあれば、「昔から食べられていたんだろうな」「おいしいんだろうな」という気がしてくる。「旧国名＋牛」というネーミングの威力だ。

牛だけではない。食べ物では「越前そば」「出雲《いずも》そば」「信州そば」「讃岐うどん」「伊勢《いせ》うどん」……もちろん古くからそう呼ばれているものもある。名前はなくても、古くからその地で食べられていたものもある。

「伊勢うどん」など、

「ああ、昔から、お伊勢参りの時に食べられていたんだろうなあ。『ええじゃないか』の時も、こう呼ばれていたのかな」

と思ってしまうほどの伝統感がある。が、元々伊勢神宮周辺で食べられていたものがこの名前になったのは昭和四十年代。それを永六輔《えいろくすけ》が有名にしたというのが真相のようだ（伊勢うどん大使・石原壮一郎《いしはらそういちろう》氏による）。昭和四十七年、伊勢市麺類飲食業組合は、メニュー表の「うどん」を一斉に「伊勢うどん」に変えた。

この他に「旧国名＋焼き」（陶磁器）、「旧国名＋塗り」（漆器《しっき》）、「旧国名＋染め」（染物）、「旧国名＋織り」（織物）、「旧国名＋細工」（木工・金工・革などの手工芸）、「旧国名＋和紙」「旧国名＋野菜」……など。実際に旧国名当時から行われている伝統工芸品はたくさんある。けれど、新しく起こしたものでも、こういうネーミングをすることで伝統ビジネスになりやすい。これは「江戸」マジック、「京都」マジックと同じだ。

試みに、思いついたもの何でも、旧国名をつけてみてもらいたい。

たとえば「美濃《みの》和紙」「越前和紙」「備《びっ》中《ちゅう》和紙」「石州《せきしゅう》和紙」……これらはすでに古くからの伝統工芸として存在しているが、たったいま適当につけてみた「豊《ぶ》前《ぜん》和紙」「相模《さがみ》和紙」「遠州和紙」……などでも、みごとな伝統感がある。もちろん有名でなかったり、そう名乗っていないだけで、昔から小規模に行われていたケースはあるだろう（現在こういう看板を掲《かか》げている所もあるかもしれない）。

他に「武蔵《むさし》織り」「佐渡染め」「阿波《あわ》塗り」「淡路《あわじ》細工」……なども同様だ。いま

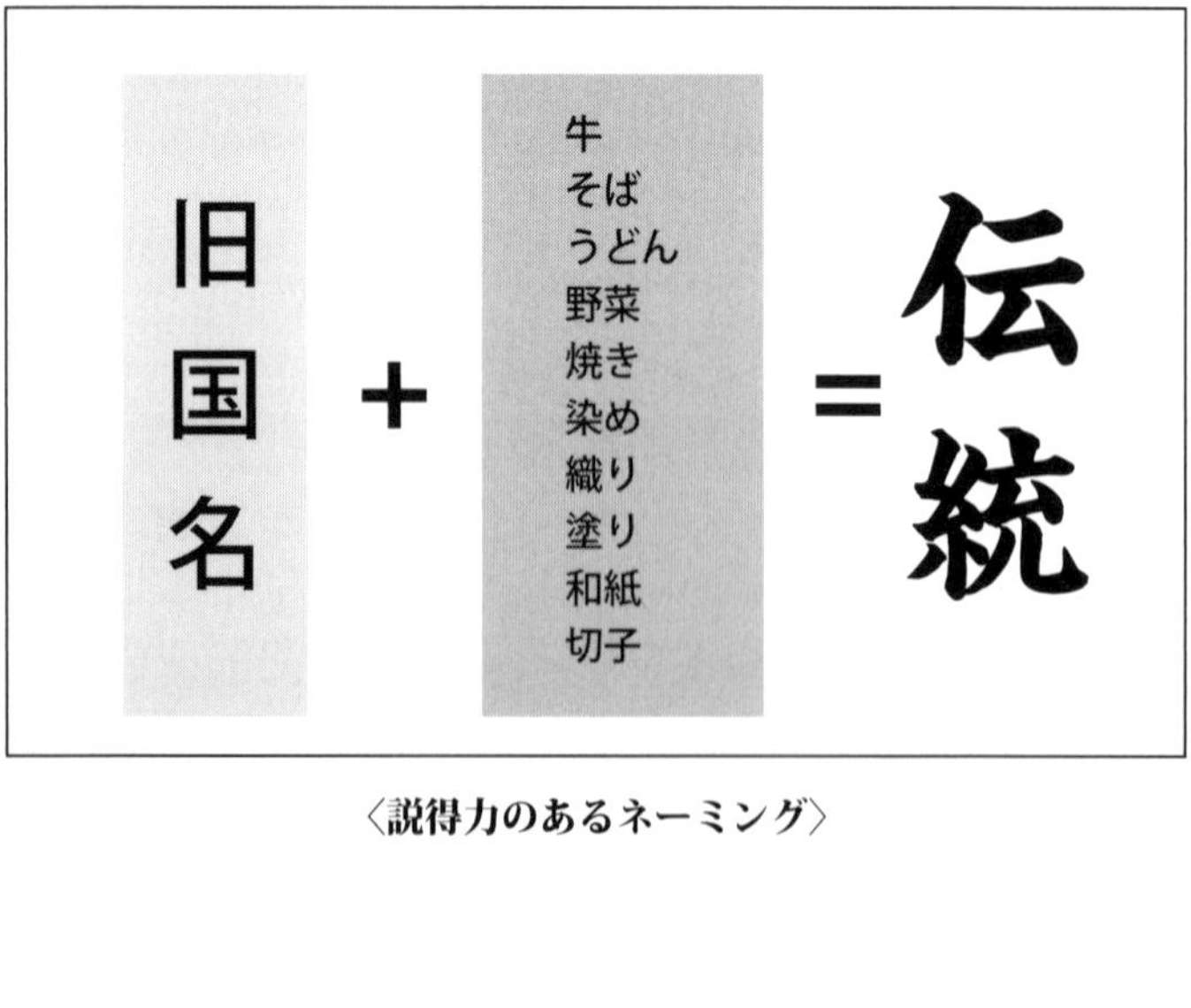

〈説得力のあるネーミング〉

思いついたにしては、なかなかの伝統感がある。いろいろ組み合わせてみると、西の旧国名のほうが説得力があるようだ。もともと、奈良・京都の朝廷から遠い東北は区分けもずいぶんザックリしていて、伝統に関しては分が悪い。

旧国名をつければ、たいていの物は恰好《かっこう》がつく。国名ではないが、江戸、博多、浪花《なにわ》……といった旧都市名でも同様な効果がある。

私のお薦《すす》めは「切子《きりこ》」だ。美しいカットガラスの工芸品である。「江戸切子」と「薩摩切子」が有名だ。そして、おそらく歴史上その他の地にはないと思われる。

しかしこれに旧国名をつけて、新しい工芸品を作ったとしよう。たとえば、「石見切子」、あるいは「土佐切子」「加賀切子」「上州切子」……どうだろう？　どれも、なんとなく伝統ある感じがしないだろうか？　ガラス細工というのは幕末から明治初期に始まったものだろうと、みんななんとなく思っている。なので、それほど歴史感がなくても、人は納得してしまう。

観光地にはたいていガラス細工のお店がある。体験型で、自分で簡単なアクセサリーを作る店もある。そういう所に「○○切子」という看板を掲げていれば、ぐっと伝統感が増すだろう（これまた、現在すでにこういう看板を掲げている所もあるかもしれないが）。

「それは伝統の捏造《ねつぞう》ではないか？」

もちろん、ありもしない「創業・寛永《かんえい》元年」などと名乗れば問題がある。しかし、地元だから旧国名を冠しただけだ。これがいけないのなら、日向かぼちゃだって、讃岐うどんだっていけないことになってしまう。

「なんだか、ずいぶん都合がいいなあ」

と思われるかもしれない。そう、都合がいいものなのだ。伝統は。

明治以降に始まった平安神宮だって、神前《しんぜん》結婚だって、恵方巻《えほうまき》だって、初詣《はつもうで》だって、良妻賢母《りょうさいけんぼ》だって……みんな、構造は同じだ。

伝統を大切にし、楽しむのはいいのだが、「伝統」という言葉にはそういう一面もあると知っておくことが、大切だ。

第五章　一つ前はダサく、二つ前以上はロマン

時代の「遠交近攻」

お祖父《じい》ちゃん・お祖母《ばあ》ちゃんに可愛《かわい》がられた経験は、多くの方にあるだろう。あるいはすでにお孫さんを持っている方は、可愛くて仕方ないとよく言う。自分の子供の時より可愛い……と。

たいていの場合「祖父母―孫」の関係は良好だ。その理由も多くの方が言っている。

祖父母側からは、

「自分の子供の幼い頃を見ているようで懐かしい」

「子育ての責任感がないから、猫っ可愛がりできる」

「自分の日常にはない新しい世代の常識や感覚が、新鮮で楽しい」

……など。

孫側からは、

「親と衝突した時の緩衝《かんしょう》地帯になってくれる」
「甘いとわかっているので、わがままが言える」
「自分の日常にはない古い世代の知識や経験が、逆に新鮮で面白い」
……など。

結局両者に共通するのは、

「間に一世代のワンクッションがあるので、多少意見が合わなくても、まあそんなものと思い、衝突が回避できる」

ということではないだろうか。

三世代というのは、二つの親子関係が積み重なっている。それぞれの親子関係では緊張と反発もあるのが当然だ。三世代の相互関係を表すとこうなる。

（仲がいい）

祖父母 ↑（反発）↓ 親 ↑（反発）↓ 孫

これは会社をはじめとする組織でも同じこと。ヒラ社員と直接の上司である課長とは意見がぶつかることがある。課長とその上の部長も、ぶつかる。けれど、ヒラ社員と部長あるいはその上の役員とは、意外に仲がよかったりするものだ。

祖父母・孫の時と同じ理由に加え、組織の場合、上から見れば、間にワンクッションある下の存在は直接自分を脅かす存在ではないからだ。『釣りバカ日誌』では、社長のスーさんとヒラ社員のハマちゃんの仲がいい。学園ドラマでは、中間管理職である教頭が悪く描かれ、その上にいて接触機会の少ない校長・学長が、一番下の生徒や新人熱血先生に理解がある、という設定が多い。

（仲がいい）

部長以上　↑（反発）↓　課長　↑（反発）↓　ヒラ社員

人は、自分の一つ前の世代に対してはダサく思い、反発する。しかし二つ以上前になると、リアルな接触がないので、古臭くてもむしろロマンを感じたりする。時代に関しても、そういう思いを持つのだ。

平成の世の中になって、「昭和だねえ」「昭和オヤジ」「昭和ギャグ」「いつまで昭和世代の感覚でやっているんだ」……などと、「昭和」という時代が急にダサくネガティブに語られるようになった。ご存知のように、昭和は戦前と戦後でガラリと違うのだが、そういうことはお構いなし。「平成」にとって、一つ前の「昭和」はダサく、古臭く、カッコ悪く、否定すべき存在なのだ（バリバリ昭和世代の私としては、ムッとするところもあるが）。

自分に近接するモノを貶《おとし》める（古い、カッコ悪い、因習的、粗野……など負の要素をすべて相手側におしつける）ことで、相対的に自分のほうが優れている（その反対の新しい、カッコいい、画期的、洗練……などは自分側にある）気分になる。これは誰にでもあるものだ。E・サイードの「オリエンタリズム」にも似ている。

しかし、カッコ悪いのさらにその先の「大正」「明治」となると、もはや「平成」とは直接関係がなく、想像の世界でしかない。むしろあまりに違うことにロマンを感じ、肯定的になるのだ。明治維新《いしん》や大正ロマンへの無邪気な憧《あこが》れで、それを礼賛《らいさん》したくもなる。当然、否定すべきこともいっぱいあるはずだが、遠く離れてしまうと現実感が薄くなるのだろう。

敵（前時代）の敵（さらにその前時代）は味方。さながら、遠交近攻策《えんこうきんこうさく》の時代版だ。だから、平成が終わると、新元号世代にとっては「平成」がダサく、カッコ悪いものになる（再び、バリバリ昭和世代としては、ざまあみろ、だが）。「昭和」は「大正」「明治」と同じ古い箱に入れられ、古きよきものとして評価される存在になるだろう。

時代の切り取り方を広く取ると、同様に「戦後」は「戦前」をダサく思い、否定すべき時代だと感じる。あの戦争で日本はひどい目にあい、占領までされたのだから、戦前なるものを全否定したい気持ちになるのは当然だろう。そしてその一つ前の江戸時代にはロマンを感じるのだ。江戸情緒《じょうちょ》への無邪気な憧れによって「古典落語」という名前が生まれ、「武士道」というモラルが再設定され、さらには「江戸しぐさ」などというものまで発明されてしまうのだ。

もう一段階、時代の切り取り方を広く取ると、明治維新政府は江戸時代（徳川《とくがわ》政権）を否定して始まった。それだけでなく、天皇を担《かつ》ぐことで正統性を打ち出したので、武家社会全体を否定しなければならなかった。とすると、鎌倉時代の前まで遡《さかのぼ》ることになる。さらに天皇親政をめざしたので、

平成	**昭和** （ダサい・否定）	**大正・明治** （ロマンがある）
戦後	**戦前** （ダサい・否定）	**江戸以前** （ロマンがある）
明治	**江戸時代** （ダサい・否定）	**それ以前** （ロマンがある）

〈一つ前は常にダサい〉

「王政復古の大号令」では摂政《せっしょう》・関白《かんぱく》以下の公家門流まで否定した。ということは、平安時代よりも前だ。なので、

「諸事神武《じんむ》創業ノ始《はじめ》ニ原《もとづ》キ」

となったのだ。

明治政府は「太政官《だじょうかん》」などという律令制時代の制度を引っ張り出してきた。神話の中の初代・神武天皇の時代（BC六六〇年?）にまで還《かえ》るとは、いくらなんでも遡りすぎだろうという気はするが……。


「実は明治時代に創られた、日本古来っぽい伝統が多い」

という理由は、おそらくここにある。

幕末・明治維新期の日本には、それまでの徳川だ薩摩《さつま》だ長州だ会津だ水戸だ……という諸藩の連合（しかも仲が悪い）ではなく、一体化しなければ西欧列強の餌食《えじき》にされる——という恐怖があった。なにしろ、有史以来師と仰ぎ、盤石《ばんじゃく》な存在と見て来た中国（清《しん》）が、いま目の前でそうなっているのだ。幕末の、あの国中沸騰《ふっとう》したような騒動は、この恐怖心に突き動かされたと言っていいだろう。

日本は大慌てで、新しくできた「日本という国（国民国家）」と、その一体感を高める

ための「日本の伝統」を創る必要があったのだ。いわば、日本人としてのアイデンティティ。「同じ国で生まれ育った国民」には、「古くからの共通する伝統」がある。それを逆方向から考えると、「古くからの共通する伝統」があるのは、「同じ国で生まれ育った国民」である証拠ということになるからだ。

「時代は変わった。これからは我々がこの国を治める。だが、安心しなさい。我々は、みなさんから見て突然現れた存在ではない。ほら、我々とみなさんとの間には、古くから伝わる共通の伝統の数々があるではないか。我々（統治者側）もみなさん全員（国民）も、同じ仲間なんだ。これから始まる世の中は、一見、新しくて呑み込みにくいように思うかもしれないが、そうではない。古くからの共通する伝統に基づいているんだよ。そしてこれから一緒に、私たちの新しい伝統を作っていこうではありませんか」

というわけだ。革新はいつも片手に伝統を携《たずさ》えて登場する。

おそらく、こういう考えは江戸幕府が始まった時にもあっただろう。建武《けんむ》の新政の時にも、鎌倉幕府が始まった時にもあっただろう。平安京ができた時にも、平城京ができた時にも、大化《たいか》の改新の時にも……。時代が大きく変わる時にはいつも、こうやって「新しくて古い伝統」――それは当然、新しい世の中に都合いいようにお色直しされている――が創られてきたに違いない（たぶん神武創業の時にも。そして第二次世界大戦の敗戦後も）。

これは日本だけのことではない。外国でも同じ。新しい統治者がとる手段として、よくあることだ。時代の先行きが見えず不安な時、人々は伝統という幻想によりかかることで安心する。

伝統はそうやって、何度も上塗りを繰り返してきた。すぐに剝《は》げ落ちる塗料もあれば、頑固に落ちない塗料もある。繰り返した上塗りの色が混ざって、元がどういう色だったかわからないものもある。それはそれで、なんだかいい風合いになってくるものもある。

では、そうした「新しくて古い伝統」の「古い」というのはいつ頃なのだろうか？

日本人が好む四つの時代

これまで、伝統ビジネスは古いほど価値がある——と再三述べてきた。明治より江戸、江戸より室町……だ。しかし、たとえば、

「これは室町時代の足利《あしかが》四代将軍の頃から続く伝統で……」

と誇られても、普通はどれくらい古いのかよくわからない。

「この伝統は、仁安《にんあん》の頃から続く由緒《ゆいしょ》正しいものです」

と言われても、仁安がいったい何時代の元号かすらわからない。

ちなみに、足利四代将軍は義持《よしもち》で、在位は一三九四～一四二三（でも、まだよくわから

ない。金閣寺が出来た頃だ)。仁安は平安時代末期の元号で、一一六六〜六九(やっぱりピンとこない。平清盛《たいらのきよもり》の全盛期だ)。

ここからわかるのは、なんとなくいつ頃かをイメージできる時代に起源を持つ伝統でなければ、誇ってみても意味がないということ。そしてそれは、どうせなら日本人が好きな時代であるほうがいいということ。

私たちが好きな時代は、大きく分けて次の四つがある。

①源氏物語の時代(平安中期)※一〇〇〇年くらい

はんなり、ほっこり、みやび……などの伝統の起源はここにあると私たちは思う。実際は江戸時代の京都で始まったことでも、『源氏物語』の時代から続いているようなイメージを持つのだ。ほとんどの人がその物語をちゃんと読んだことがないにもかかわらず(恥ずかしながら、私もそう)。

もちろんそんなのは、都で暮らす一部の上流階級たちの話。この時代、全国的に見れば一般庶民《しょみん》はまだ竪穴《たてあな》式住居に住んでいる者も多いのだ。「縄文《じょうもん》時代か!」と突っ込みたくもなるが、そこにはあまり目を向けようとしない。

つまり「京都」マジックの伝統だ。

②時代劇の時代（江戸・寛永〜元禄〜享保）※一六二四〜一七三六

要するに『水戸黄門《みとこうもん》』『銭形平次《ぜにがたへいじ》』『忠臣蔵』『暴れん坊将軍』の時代。江戸時代のうち前期の安定期から中期にかけてだ。武士としての躾《しつけ》・矜持《きょうじ》、大衆芸能・文化、庶民の食べ物……などの伝統の起源はここにあると私たちは思っている。

実際には、江戸の庶民文化が花開くのはもっと後期のこと。『銭形平次』の舞台は最初は寛永《かんえい》期だが、途中から文化《ぶんか》・文政《ぶんせい》期（一八〇四〜三〇）に移っている。『半七捕物帳《はんしちとりものちょう》』は文化・文政期から幕末。『遠山《とおやま》の金《きん》さん』は天保《てんぽう》期（一八三〇〜四四）……なのだが、そんな細かいことにはこだわらない。

大河ドラマだと幕末の人気が高いけれど、江戸の伝統を誇る場合、幕末ではあまり価値がないのだ。たいていは、江戸前期〜中期の「理想的な江戸時代」をイメージする。

これは「江戸」マジックの伝統だ。

③司馬遼太郎《しばりょうたろう》世界の時代（明治後期の国威発揚期）※一九〇〇年前後

日本人が大好きな『坂の上の雲』の時代。維新のゴタゴタが落ち着き、日本が世界に出て行く時期だ。日本人の高潔さ、進取の気性、神社信仰、家制度……などの伝統の起源はここにあると私たちは思う。世界に出て行く手段は、もちろん軍事力だ。日清《にっしん》・日露《にちろ》の両戦争……国民は戦争に駆り出され、ひどい目にもあっているのだが、そこにはあまり目を向けない。

いわゆる「司馬史観」として、批判されることもある。しかし小説とは元来、史実とフィクションをないまぜにするもの。実は、司馬遼太郎の作品はその書き分けがわかりやすいタイプだと、私は思っている。ゴッチャにしてしまうのは、読者側が「そう読みたい」と思っているからだろう。

映像になるとさらにそのへんが曖昧《あいまい》になる。映画や歴史ドラマの内容を「すべて史実だ」と思ってしまう人は、意外に多い。司馬の名誉のためにつけ加えておくと、彼は生前『坂の上の雲』の映像化にＯＫを出していない。

これは「明治」マジックとでも言えるだろう。

④映画『三丁目の夕日』の時代（戦後昭和の高度成長期）※一九五五年前後

あの映画（『ＡＬＷＡＹＳ　三丁目の夕日』）がはたした役割は大きい。この時代は実際に生きてきた方も多いので、「当時は、あんなに美化された時代ではなかった」と批判する人もけっこういる（私が知っているのはその十年あとくらいの時代ですが、やはりそう思う）。当然のことながら、映画の出来と世相の再現性とは別の話だけど。

公共道徳、つつましく温かい日本人、勤勉性、家庭の躾、近所付き合い……などの伝統の起源はここにあると私たちは思っている。

言うならば「昭和レトロ」マジックだ。

実はあの映画のプロデューサー（当然、昭和の高度成長期を身をもって体験した方）に直接話を伺《うかが》ったことがある。

「映画制作スタッフは若く、当時のことをよく知らなかった。なので、彼らが想像する理想的な昭和の高度成長期を描いた。私はそこに嘘《うそ》（悪意はない）が混ざっているとわかっていたが、若い人が思う『昭和』がそうならばそれでいいと、あえてそのままにした」

ということだった。

学術研究の発表ではない。映画のプロデューサーはフィクションでヒットを狙《ねら》うのが仕事だから、その判断は正しかったのだろう。ところが大ヒットしたので、事実との境界が曖昧になってしまったのだ（ちょっと司馬史観にも似ている）。

この④について「本当のことと、あとから思う理想的な嘘」の両方が混ざっている、と知っていることが大切だ。なぜなら、④でおきたことなら、きっと③②①でだっておきているだろうと想像することができるから。

人の記憶は無意識のうちに書き換えられていくことが、最近ではよく知られている。何度も思い出すうちに、「こうであったらよかった」「きっとこうだった」という風に都合よく修正され、いつの間にか自分でもそれが正しい記憶だと思ってしまう。

思い出は美化される——これは誰でも経験していること。伝統もまた、そうなのだ。

人は見たいものしか見ない、ともよく言われる。どんなものでもその全体像を見るということは不可能で、たいていは自分に都合がいいところしか見ていない。①②③④の各時代についても、赤ん坊の死亡率は高く、病気にかかればろくな医療もなく、身分社会で格差がひどく、世の中は不衛生で、夜は暗くて恐く、娯楽は少なく、食事は質素《しっそ》で……といった面がある。が、そこのところは見ないで、いい部分だけを見ている。

《伝統は、のちの時代から見て「こうあってほしい」と思う内容に、遡って修正されていく》

民族が……というのは少し大げさだが、ある時代の人々の多くが、「こうであったらよかった」と思う内容に修正される。すると次の時代の人々にとっては、以前になにがどう修正されたかわからず、「昔からそうだったんだろうな」と思うことになってしまうのだ。

第六章　対立は「伝統」を作る

伝統の一戦は、いつから伝統になった?

「巨人・阪神　伝統の一戦」という言葉は有名だ。

昭和九年（一九三四）、大日本東京野球倶楽部《クラブ》が誕生。現在の読売巨人軍の前身だ。ついで翌十年（一九三五）、大阪野球倶楽部が誕生。現在の阪神タイガースの前身だ。そして十一年（一九三六）、日本職業野球連盟ができる。この時の参加チームは、東京巨人軍、大阪タイガースに加え、名古屋軍、東京セネタース、阪急軍、大東京軍、名古屋金鯱《きんしゃち》軍の七球団。たしかに、のちの巨人・阪神はこの頃からあるのだから「伝統の一戦」を名乗ってもおかしくはない。

けれど、当初はそうではなかった。

プロ野球の初期、「伝統の一戦」とは「阪急VS阪神」のことだったのだ。

関西の方は実感としてわかるだろうが、電鉄会社の阪急と阪神は、路線として競合している。親会社間のライバル関係はもともと有名。なので、それを球団にも投影したほうが試合は盛り上がる……という意図で、両球団はさかんに伝統の一戦を盛り上げたのだ。そこには「西の早慶戦」というキャッチフレーズもあった。

そう。「職業野球」以前に「東京六大学野球」が大人気だった――というのはご存知の方も多いだろう。初めての早慶戦が明治三十六年（一九〇三）。六大学となったのが、大正十四年（一九二五）。もともと、早慶戦の過熱ぶりを解消するため六大学に発展したのだから、そりゃ早慶戦は「伝統の一戦」だ。

なにしろ当時の早慶戦の集客力は凄《すご》く（当然、入場料収入も凄い）、それを見て始めたのがプロ野球なのだ。最初から「伝統の一戦」の必要性はわかっていたのだろう。

もともと日本人は、「源平《げんぺい》合戦」「天下分け目の関ヶ原《せきはら》」「龍虎相搏《りゅうこあいう》つ」「紅白戦」「遺恨《いこん》試合」といった二者対立が好きだ。その中には「東西対決」もある。阪急・阪神より、巨人・阪神のほうが、対立軸が際立つ。だんだん人気はそっちに移っていくのだ。こうして戦前、両球団は名勝負を続けることとなる。

戦後、西のチームとしては南海ホークスが台頭してくる。やがて、南海エースの別所毅《べっしょたけ》彦《ひこ》が巨人に引き抜かれることで「遺恨」が発生。盟主の「東」に対し、反主流の「西」という対決の構図では、一時、南海がその位置を占めていた。のちにミスター・ジャイアンツと呼ばれることとなる立教大学の長嶋茂雄《ながしましげお》が、当初は南海入りと見られていた時代だったのだ。
その長嶋が活躍したのが、有名な「天覧試合」の巨人・阪神戦（昭和三十四年・一九五九）だ。なんとなく「伝統の一戦だからこのカードが選ばれた」と思っていたら、どうもそうでもないようなのだ。実は天覧のスケジュールは、次のように二転三転している。
第一候補　五月十日「巨人・阪神」（デーゲーム）
第二候補　五月二十九日「巨人・中日」（ナイター）
第三候補　六月十三日か十四日「巨人・大洋」（ナイター）
一貫して後楽園球場の巨人戦。正力松太郎《しょうりきまつたろう》が交渉にあたっていたので、当然そうなる。でもカードを見ると、対戦相手は阪神でなくてもよかったようなのだ。実は警備側はデーゲームを望んでいた。しかしもともとの発端は、天皇が夜の水道橋方面（後楽園がある）を見て「あの灯《あか》りは何か？」と尋《たず》ね、侍従《じじゅう》が「プロ野球のナイター試合であります」と答えたところから始まっている。天皇がナイターにこだわったので、最初の案は見送られることになった。対戦相手よりも、ナイターであることが優先されたのだ。
なので、度重なるスケジュール変更時に、対戦相手はコロコロ変わった。そしてようやく、

第四候補　六月二十五日「巨人・阪神」（ナイター）に決まったのは、偶然のことだった（もちろん、もともと阪神が第一候補日の対戦相手であったという優位性はあるが）。

このプロ野球初の天覧試合は、巨人・長嶋の劇的なサヨナラホームランによって強烈な印象を残し、「巨人・阪神　伝統の一戦」はゆるぎないものになった。

伝統の一戦に必要なのは、「同じ程度の歴史を持つ両者」「実力は伯仲」「しかし個性は正反対」であることが必要だが、それだけでは足りない。あと一つ必要なものがあるのだ。それは、「遺恨」だ。

元祖伝統の一戦・早慶戦の歴史を見ると、「挑戦状」「絶縁状」「万歳の応酬《おうしゅう》」「リンゴ事件」など、その名も物々しい遺恨があった。巨人・阪神にも、「バッキー・荒川コーチ乱闘事件」「巨人V9を甲子園で達成、阪神ファン巨人ベンチを襲撃」「江川事件」などの遺恨がある。伝統の一戦を決定づけた天覧試合の巨人・長嶋ホームランについて、打たれた阪神のエース・村山実《むらやまみのる》は生涯「あれはファウル」と言い続けていたし。

初期の「伝統の一戦」だった阪急・阪神の、阪急球団はすでになく、それどころか親会社の阪急と阪神が一緒になってしまった。また、戦後一時東西の対立軸になっていた南海ホークスも、いまはない。結局のところ、巨人・阪神でよかったのだろう。

時代は下って二〇一六年からは、巨人と阪神は共同で「伝統の一戦～THE CLASSIC SERIES～」というプロジェクトを、ちゃっかり立ち上げている。

もっとも、二者対立が好きなのは日本人だけではない。海外でも伝統の一戦はある。英語では「ダービーマッチ」とか「ザ・クラシック」、スペイン語では「エル・クラシコ」。サッカーでは、一九〇二年から始まる「レアル・マドリード」VS「FCバルセロナ」の伝統の一戦「エル・クラシコ」が有名。百年以上の歴史があるのだから、フィーゴの電撃移籍などの「遺恨」も、もちろんたくさんある。

日本のJリーグの歴史は一九九三年から始まるが、〇〇ダービーとか、〇〇クラシコとネーミングして、さかんに伝統の一戦感を演出している。

伝統の一戦はビジネスになるのだ。やがてなんらかの「遺恨」が生まれれば、それは盤《ばん》石《じゃく》なものになるだろう。

本家VS元祖

「本家」や「元祖」を名乗る店は多い。その他に「総本家」「宗家《そうけ》」……など似たような表現があって、その違いはよくわからない。同じジャンルで似たような複数の店があるから、

「ウチのほうが歴史がある」

「いや、ウチのほうが先だ」

と伝統を競い合っているのだろう。なので、両者がケンカしているのが普通だ。なのに、両者が共存しているのはなぜなのか？

京都・今宮《いまみや》神社の「あぶり餅《もち》」は有名だ。ここには、通りを挟んで「元祖・一文字屋和《いちもんじやわ》輔《すけ》（一和）」と「あぶり餅本家・根元かざりや」という二つの店がある。一文字屋和輔は創業が長保《ちょうほう》二年（一〇〇〇）、「かざりや」は創業が寛永《かんえい》十四年（一六三七）。

まあ、四百年前だろうと千年前だろうと、実際のところはよくわからない。なにせ「京都」マジックの地だから、言ったもん勝ちという面もある。が、この通りだとすると、この四百年間、両者は「元祖だ」「本家だ」と言い合いながらも共存してきたことになる。

ひょっとしたら、外野が面白おかしく元祖VS本家の構図をいじることで、両者ともに話題になって繁盛《はんじょう》してきた、という効果があるのでは？

同じく京都で、最近、八《や》ッ橋《はし》のメーカーが伝統を巡《めぐ》って争っていることが話題になった。

「聖護院《しょうごいん》八ッ橋総本店」（創業元禄《げんろく》二年・一六八九）

「井筒《いづつ》八ッ橋本舗」（創業文化《ぶんか》二年・一八〇五）

の二社。どちらも有名な店だ。

しかし実は、京都八ッ橋商工業協同組合というのがあって、加盟は十六社。これだけ多くのメーカーが八ッ橋を作って販売しているのだ。しかも、その加盟店の中にある、
「本家西尾《にしお》八ッ橋」（創業一六八九年）
「本家八ッ橋」（創業一六八九年）
の二店も、同じ創業一六八九年を謳《うた》っている。余計な心配ながら、ここは争わなくてもいいのだろうか？　しかもさらに「元祖八ッ橋西尾《にしお》為忠《ためただ》商店」まであるのだから、ややこしいことこの上ない。
聖護院、井筒の争いは、外野の目には、
「この二店は他の店に比べ伝統があるから、争っているんだろうな」
と映《うつ》っている。失礼な言い方だが、勝っても負けても、両者にメリットがあるのではないだろうか？

こういうケースは他にもたくさんある。
長崎では、
「カステラ本家　福砂屋《ふくさや》」は商標に「ｓｉｎｃｅ１６２４」とある（創業寛永元年）
「カステラ元祖　松翁軒《しょうおうけん》」は、創業天和《てんな》元年（一六八一）

名古屋の味噌《みそ》煮込みうどんでは、「山本屋総本家」は、創業大正十四年（一九二五）「山本屋本店」は、創業明治四十年（一九〇七）・設立昭和三十五年（一九六〇）当事者たちはライバルでありながら、同じマーケットの繁栄は願っている。いや、ひょっとしたら、争うことで話題になり、マーケットが拡充されていく。これはつまり、「伝統の一戦」と同じ構図だ。多くのケースで、本家・分家の確執、元弟子の反乱、継承時の分裂、一族のケンカ……などの「遺恨」もあることだし。

伝統ビジネスにおいて「対立」は必ずしもマイナスではなく、プラスになることもあるようだ。

第七章　伝統ビジネスは無限サイクル

さあ、もうここまできたら、きっと読者も、

「伝統ビジネスを始めてみたい！」

とお思いなのではないだろうか？　恵方巻《えほうまき》や、「旧国名」マジックを見ていると、ビジネスチャンスはありそうだ。

では、一体それはどのくらいでモノになるのか？　過去の「伝統」の形成過程から見ると、一定のパターンが見えてくる。だいたい一世代（三十年）を一つの単位として捉えると、わかりやすい。

第一期　伝統の草創期（開始〜三十年）

なにかの出来事が発端になって、あるいは偶然で、それとも最初は商売っ気のほうが先に立って……理由はなんであれ始まったものが、年月を経て繰り返すうち、だんだん「伝

統」っぽくなってくる。そうなるまでに、最低三十年程度は必要なようだ。

以下は、今から振り返るとだいたいその時期。始まりが三十年程度以内のもの。昭和の終わり以降に始まったものだ。

「バレンタインデーの友チョコ」「恵方巻」「YOSAKOIソーラン祭り」「江戸しぐさ」……など。

どうだろう。まだ完全に「伝統」とは認知されていない感じはする。でもなんとなく、伝統っぽい色を帯びてきてもいる。もっとも、カタカナならまだしも、「YOSAKOI」などとローマ字を使ってしまったので、これは日本の伝統感を得にくいと思うが。

始まったものの、五年や十年で自然消滅してしまった「伝統候補」もあるだろう。それに比べ、三十年も持続できるのは、最初は世間に新鮮に受け入れられ、やがて「そういう伝統があってもいい」と思うようになる人がかなりの人数いるということだ。

しかし三十年程度だと、始まった当時を憶《おぼ》えている人もかなり多い。古くからあるように見せたい人にとっては分が悪い。とはいえ、もし十歳の頃誕生したばかりの伝統に参加した人は、すでに四十代で社会の中心層になり、

「私が子供の頃からあった。きっと昔からあったんだろう」

と思うだろう。

三十年は、伝統化に手がかかった状態。「伝統もどき」もしくは「伝統予備軍」「亜伝統」といったところだろうか。

第二期　伝統の確立期（三十～六十年）

スタートから二世代目に入ると、かなり伝統感が出てくる。

以下は、今から振り返るとだいたいその時期。ほぼ昭和三十年前後の戦後に始まったものだ。

「日本人の心・演歌」「讃岐《さぬき》うどんという名前」「肉じゃがという名前」「越前《えちぜん》竹人形」「バレンタインデー」「古典落語という名前」……など。

どれも、かなり伝統感がある。世の中に登場した頃を知る人はまだ残っている。しかし、もう世間に認知されているので、ことさら異議をとなえることもしない。

第三期　伝統の定着期（六十～九十年）

人が自分の感覚で把握《はあく》できる年月は約百年。三世代目（九十年）に入ると、もはや伝統として定着したといえるだろう。

以下は、今から振り返るとだいたいその時期。ほぼ昭和初期以降に始まったものだ。

「黒毛《くろげ》和《わ》種《しゅ》（ブランド和牛）」「ソーラン節《ぶし》」「北海道の木彫りの熊」「万願寺《まんがんじ》とうがらし」「黒い喪《も》服《ふく》」……など。

すっかり、伝統として認知されている。しかし、少しずつ時代とのズレが生じてくる時期でもある。

第四期　伝統の変革期（九十〜百二十年）

時代とのズレが大きくなってくる。

世の中が変わっていくのだから、当然だ。時代に合わせて少しずつ変化し、当初とは変わった形になりながらも続いている伝統もある。

以下は、今から振り返るとだいたいその時期。ほぼ明治の半ば以降に始まったものだ。

「明治神宮」「箱根駅伝」「国技・大相撲」

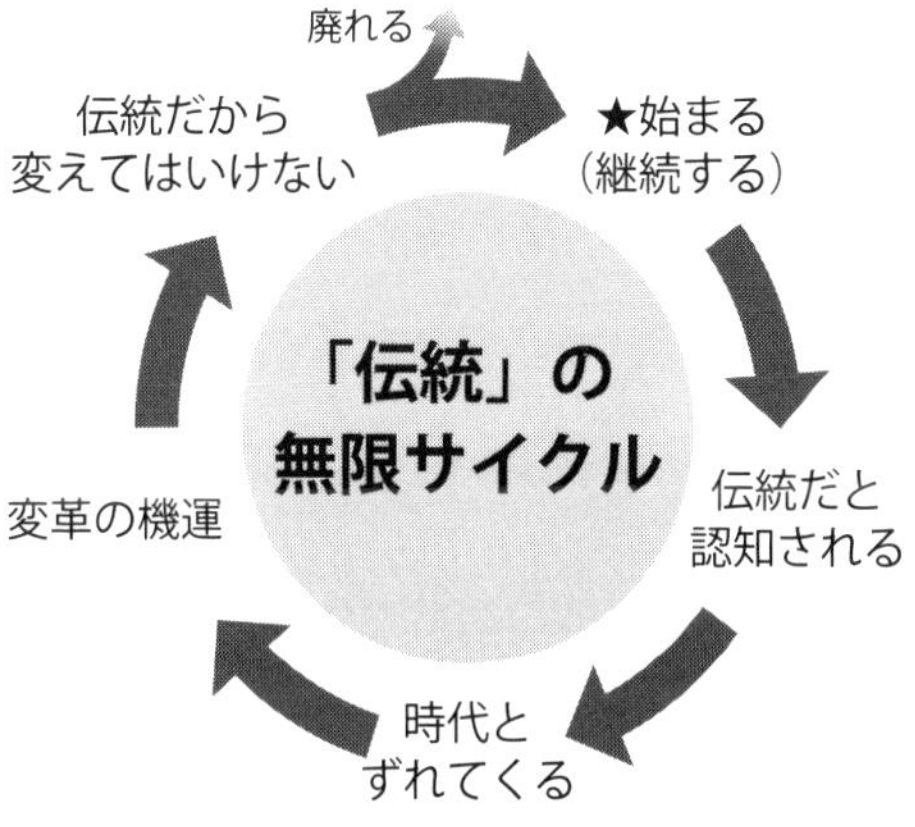

〈伝統ビジネスはこうして確立される〉

「告別式」「神前結婚式《しんぜんけっこんしき》」「良妻賢母《りょうさいけんぼ》」「夫婦同姓」「平安神宮」……など。

世間とズレが生じても、「伝統だから変えてはいけない」と強硬に主張する人たちが現れるのもこの時期。

なぜなら、スタートから四世代目に入るので、その人たちも伝統が始まった頃のことを知らない（大昔から続いてきたと思っているケースもある）からだろう。

第五期　伝統の無限サイクル期（百二十〜百五十年）

四期から五期にかけて、伝統は二つの道に分かれる。変革期に対応できなかったものはしだいに世の中から退場していく。

柔軟に変化したものは、生き残る。「伝統を変えてはいけない理由は、それが伝統だからだ」という循環論法で強引にねじ伏せたものも、当面は生き残る。ここを乗り切ったら、伝統のサイクルは二巡目に入る。もはやほとんどの人が、その伝統は大昔から続いているものだと思うようになる。

以下は、今から振り返るとだいたいこの時期。明治のはじめ以降にスタートしたものだ。「橿原神宮《かしはらじんぐう》」「正座という呼び名」「靖国神社《やすくにじんじゃ》」「国民皆姓」「湊川神社《みなとがわじんじゃ》」「都をどり《みやこをどり》」「重箱のおせち」「ソメイヨシノ」「一世一元《いっせいいちげん》」「蚊取り線香《かとりせんこう》」「初詣《はつもうで》」……など。

こうして、伝統は無限サイクルとなって存続していくのだ。ビジネスとして盤石《ばんじゃく》となる！

最後にもう一回。三たび、半分は本気です。

《あなたも「伝統ビジネス」で一攫千金《いっかくせんきん》！》

第二部

「伝統マウンティング」社会

第一章 「伝統マウンティング」とは？

【マウンティング……優位個体が劣位個体に対して行なう馬乗り行動。多くの哺乳類は交尾の際、雄が雌に対しこの姿勢をとり、ニホンザルでは雄同士の間でも順位確認のため行なう】

（日本国語大辞典）


サルが他のサルの後ろに乗り、乗られたほうがおとなしく無抵抗になる映像を、見たことがある方も多いだろう。

「オレのほうがオマエより強い。わかったな。おとなしくオレの言うことをきけ」

「…………わかりました」

ということだ。

レスリングや格闘技では、「マウントポジション」「マウントを取る」などと使う。もともとは動物学や格闘技でよく使われていた言葉だろうが、最近は日常でも使う。「マウンティング女子」という言い方は、少し流行した。女性が女性に対して、ルックスや家柄・家族、恋人・配偶者、学歴・職歴、経済力……などを上からの立場で自慢しつつ、

「あたしのほうがあなたより上よ（＝あなたは私より下位の存在よ）」

と序列をハッキリさせることだ。

女性の名誉のためにつけ加えておくが、これは男同士でも日常的にあること。「この学校で一番強いやつは誰か、決めようじゃないか」というアレだ。

もちろん、男から女へもある。当然、「マウンティング男子」「マウンティングおじさん」という言葉も生まれている。その逆だってある。見えやすいケース、見えにくいケース……など、程度の差こそあれ、どこの世界にもある。

傲慢《ごうまん》、横柄《おうへい》、尊大、高圧的、高飛車《たかびしゃ》、上から目線……とその手の言葉は、昔からたくさんある。ということは、人とはそういう生き物なのだ。今や、日常でも「あいつはマウンティングしてくる」などと使う。

ある比較項目についてだけなら、たしかに優劣は決まる。相手をぶん殴《なぐ》った男が「オレのほうがオマエより強い」と宣言すれば、その通りだ。年収一億円の人間が年収三百万円の人間に「私のほうがあなたより金持ちだ」とイバれば、ムッとするけど、「ハイ、その通りです」と頷《うなず》くしかない。

だが人間のマウンティングのやっかいなところは、そうしたなにかの項目だけでなく、「私という人間は、あなたという人間より上だ」

と、全人格での序列、格付けを決めつけてくることだ。

いや、そんなわけはないだろう。駆けっこでは負けるが、勉強では勝つ。数学は一番だけど、英語はからっきし駄目。家は裕福じゃないが、誰もがうらやむ美人。営業成績はトップだが、人望がない。血圧は高いが、尿酸値《にょうさんち》は低い……（最後のはちょっとジャンルが違うが、でもよく考えれば、同じような気もする）。人はそれぞれの分野で優劣、長短、得意不得意があり、誰だってそうしたものを色々抱え込んで生きている。

だから、たんなる自慢なら「ハイ、ハイ」と聞き流していればいいのだ。しかし何度も執拗《しつよう》にそういうマウンティングを繰り返されると、最初のうちは愛想笑《あいそ》いなどして受け流し、やがて気づかないふりをして、あるいは無視をして、そして抵抗、反論して、そのうち面倒臭くなり、

「言うことを聞いておくほうが楽だ」

と思う。さらに気がつけば、

「言うことをきかなければならない」

と思うようになり、だんだん、

「ああ、たしかにこの人は、私より上の存在なのかもしれない」とまで思ってくるから、人間とは弱いものだ。なにをやっても無駄だとあきらめてしまう「学習性無力感（あきらめの学習）」にも近い。

……と、以上は「される側」の話。「する側」としてはおそらくそれがマウンティングのマウンティングたるゆえん。相手にそう思わせたいからやっているのだ。

サルの場合、そうやってマウンティングのピラミッドが形成され、トップにはボスザルが君臨している——と、なんとなく思っていた。が、どうやら最近の研究では違うようだ。だいたい、すでにボスザルという呼び方もしていない。リーダーとか、アルファ・オス、第一位などと呼ぶ。そして、グループ全体のボス的な振る舞いが出てくるのは、実は「餌《え》付《づ》けされた集団のみの特徴」で、野生にはないという。これはなかなか興味深い。

一対一でのマウンティングは、トラブル回避のために有効だ。先回りして自らお尻《しり》を向け、マウンティングされることでその場を収めることもある。だがそれによって各個体の序列が固定され、集団の中でピラミッドが形成されるわけではない。

ある固定化された集団内で、決められた場所で同じ餌《えさ》をみんなで取り合うという特殊状態の中だと、全体の序列が生まれ、最強個体が幅をきかせるようになるのだという。……なんだか、サルのことを書いているのか人間社会のことを書いているのか、わからなくなってきた。やっぱりヒトは、サルから分かれたんだなあと納得する。

さてこっちは人間のほうだ。マウンティングの材料として、ルックス、家柄・家族、恋人・配偶者、学歴・職歴、経済力……などがあると、さっき書いた。このうち、「ルックス」は自分のものだ。背が高かったり、ナイスバディだったり、美人だったりイケメンだったり（人によって好みはあるけど）。「学歴・職歴」も自分のものだ。東大卒だったり、ハーバード大卒だったり、医者だったり、元ＣＡだったり。

そして「経済力」は、自分で稼いで金持ちになったのなら自慢しても当然だ（嫌《いや》なやつとは思うけど）。しかし、実家がお金持ちということなら、ちょっと違和感がある（羨《うらや》ましいとは思うけど）。たまたま裕福な家に生まれたというだけではないか。夫がＩＴ社長で大金持ちという自慢も同様だ。……もっともこの場合は、その大金持ちを私は自分の魅力で摑《つか》まえたのよ、という自慢にもなっているのだが。

つまり、一見「その人個人の優れた点」によってマウンティングしてくるように見えて、実はそうではなく、その人が属している組織やグループ、団体という「大きな枠組み」を背負ってマウンティングしてくる場合がある。

「家柄」がそうだ。代々名主や庄屋の家系であったり、武家の出であったり、華麗なる一族の一員であったり……。しかし、いかにご先祖は立派でも、必ずしもその子孫が立派とは限らない。私たちは、ざんねんな二世、三世の例をさんざん見てきている。

さきほどの「学歴・職歴」も、そこに在籍していたというのは本人による事実だ。が、実はマウンティングの根拠になっているのは、その学校名や職種が持つ社会的イメージという大きな背景だ。

人種――という考え方は、近年は科学的に否定されている。だが、かつて世界はそういう大きな枠組みによって優劣の序列を決めつけ、マウンティングしてきたのは歴史的事実だ。現在も、民族や国家というものを使ってマウンティングしたがる人はいる。そして有史以来、男社会は多くの場合、女社会にマウンティングをしてきた。

……少し話が大きくなりすぎた。私自身が、なんだかコムツカシイ事例を出してきて読者にマウンティングしようとしているようだ。恥ずかしい。

さて、「伝統」だ。伝統もまた、マウンティングの材料になる。伝統とは、「過去に遡《さかのぼ》る長い年月とそれにかかわった先人たち」という大きな枠組みのことだから。

それを背負って、

「日本古来の伝統」……を変えるな。

「日本人は昔からそうやってきた」……のだから従え。

「伝統的な文化・しきたり」……を絶やすな、守れ。

と発言する時、実は発信者側から受け手に対して、序列を確認・強要している。それが「伝統マウンティング」だ。

色々な事例の中に、それが潜《ひそ》んでいる。

第二章　女人禁制の国技・大相撲

女は土俵に上がれない？

二〇一八年四月四日、京都府舞鶴《まいづる》市の大相撲《おおずもう》春巡業で、事件がおきた。多々見良三《たたみりょうぞう》舞鶴市長が土俵上で挨拶《あいさつ》している時、急に意識を失って倒れた。場内は騒然とする。すぐに、観客の中から女性数人が駆け上がり、救命措置の心臓マッサージを行った。

その時、場内アナウンスで、

「女性は土俵から降りてください」

という声が繰り返されたのだ。

やがてＡＥＤを持った救急救命士に交代して、女性たちは土俵を降りた。市長は病院に急送された。結果として、市長はくも膜下《まくか》出血だった。その後、無事に退院している。土俵に駆け上がった女性は看護師だったこともわかった。

人命にかかわる事態の非常識なアナウンスに、直後から世間は大騒ぎになった。当り前だ。
同日、相撲協会は正式に謝罪している。その全文は以下の通り。

本日、京都府舞鶴市で行われた巡業中、多々見良三・舞鶴市長が倒れられました。市長のご無事を心よりお祈り申し上げます。とっさの応急措置をしてくださった女性の方々に深く感謝申し上げます。

応急措置のさなか、場内アナウンスを担当していた行司が「女性は土俵から降りてください」と複数回アナウンスを行いました。行司が動転して呼びかけたものでしたが、人命にかかわる状況には不適切な対応でした。深くお詫《わ》び申し上げます。

公益財団法人日本相撲協会
理事長　八角信芳《はっかくのぶよし》

謝罪するのは当然だ。おそらく現場では、本当に動転してそんなアナウンスをしてしまったのだろう。が、謝れば済むというものでもない。というのは、「土俵上は女人禁制《にょにんきんせい》」というのは、以前から何度も出てきた問題だからだ。

●一九七八年五月　小学生の「わんぱく相撲」荒川予選で、小学五年の少女が勝ち上がった。が、日本相撲協会は、蔵前国技館《くらまえこくぎかん》（当時）での決勝大会への出場を拒否した。

●一九八九年十二月　森山真弓《もりやまゆみ》官房長官が、一九九〇年大相撲一月場所での内閣総理大臣杯授与を希望したが、日本相撲協会が拒否した。

●二〇〇〇年二月　太田房江《おおたふさえ》大阪府知事が、大相撲三月場所（大阪場所）での府知事賞授与を希望したが、日本相撲協会が拒否した。

●そして今回（二〇一八年四月）の、舞鶴での事件。

●さらに、そのわずか四日後。静岡市で開かれた大相撲春巡業・富士山静岡場所での「ちびっこ相撲」（力士が土俵上でちびっこ力士に稽古《けいこ》をつける、お楽しみ企画だ）。これには、少なくとも三年前から女の子も参加していた。が、今年は日本相撲協会から直前に「女の子は遠慮してほしい」と連絡があり、土俵に上がれなかったのだ。

相撲協会によると、「これまでは黙認してきた。しかし、三月に巡業部長名で『年齢にかかわらず女性を土俵に上げないように』という通達が出たので」とのこと。広報部は、「相撲の伝統は本来そういうものだから」と答えている。

たしかに内部ではそういう決まりだったのだろう。しかし、直前に舞鶴での事件がおきて世間が怒っているのだ。もう一度考え直そうとは、思わなかったのだろうか？

今回の事件をきっかけに、「土俵上は女人禁制」という「伝統」について、色々な人が意見を述べた。批判派が多かったが、擁護派《ようご》（さすがに舞鶴の件について擁護する方はいない。「女人禁制」についての擁護派だ）も、多くの方が「日本の国技なのに……」「国技だから……」という言葉をつけて発言をした。

いや、ちょっと待ってほしい。そもそも相撲は日本の国技なのか？

まずはじめに断っておくが、日本には法令で「国技」と定められた競技はない。それは当然だろう。どれか一つに決めれば、他の競技団体と揉《も》めるに決まっている。

なのになぜ、相撲は日本の国技とされ、みんながそれを受け入れているのか？　そして、「土俵上は女人禁制」は本当に大相撲の伝統なのか？

「国技」の始まり

明治四十二年（一九〇九）、両国回向院境内《えこういんけいだい》に初の相撲常設館ができた。相撲はそれまで寺社境内での小屋掛け興行だったのだから、「屋根のある専用の建物」ができるのは画期的なことだ。計画時はたんに「常設館」と呼ばれていた。

開館式は六月二日。それが間際にせまった五月二十九日に、常設館委員会が開かれた。議題は館名の決定。おいおい、オープンがあと数日に迫っているのに、まだ名前が決まっていないのか？

この時の候補は「角觝尚武館《すもうしょうぶかん》」「東京大角力尚武館《おおずもう》」「相撲館」など。「角觝」も「角力」も「相撲」のこと。「尚武」が多いのは、当然「勝負」にかけているのだろう。「角觝尚武館」は常設館委員会の委員長・板垣退助《いたがきたいすけ》の案だった。しかしこの会合でも決まらず、協会年寄に一任することになった。

下駄を預けられた年寄衆、さてどうするか？　この時、開館に先立って当時の文士・江《え》見水蔭《みすいいん》が起草していた挨拶文があった。水蔭は小説家で、自宅に土俵を作るほどの大の相撲好きだ。

彼が書いた『大角力常設館完成　初興行御披露』という文中に、

「抑《そもそ》も角力は日本の国技、歴代の朝廷之《これ》を奨励《しょうれい》せられ」

という表現があった。角界幹部の尾車文五郎《おぐるまぶんごろう》（年寄で検査役）が、そこから「国技館」を提案した。

開館当日、委員長・板垣退助は式辞でそれを発表。この時「国技館」という名前が誕生したのだ（旧両国国技館）。

しかしわずか二日後の新聞で、板垣は、

「国技館なんて言いにくい難しい名をつけたのは誠に拙者《せっしゃ》の不行届き」

と述べ、

「式辞の中にあった『武育館《ぶいくかん》』にすれば、常設館の性質や目的もはっきりしていたのに」と悔やんでいる。たしかに、板垣がこだわった「尚武」や「武育」という言葉だと、目的がよくわかる。「国技」になると、そこから「育てる」という意識が抜けるのだ。

水蔭の挨拶文を見ると、「東洋第一の競技大館を建設」とか、「番附面の常套《じょうとう》文句『晴天十日』を撤去し、晴雨に関らず十日間、入掛休場等無之、興行を打続ける事になりました」とか、「遠国の各位に於ても、日時御予定通りの御見物相出来べく」などの文字が、誇らしげに並んでいる。

この建物は、東京駅で有名な辰野《たつの》金吾《きんご》の設計だ。ドーム屋根を持つ鉄骨構造で、天井には三個のシャンデリアが輝いていた。ドームの直径は二〇〇尺《しゃく》（約六十一メートル）。観客席は四階まであり、収容人数一万三千人。堂々たるものだ。どう見ても「興行」「披露」「見物」のための建物だ。育成のための施設にシャンデリアはいらないだろう。

ひょっとしたら板垣は、今風に言うならば「空気が読めない人だな」と、角界関係者に煙《けむ》たがられていたのかもしれない。

当時「国技館」という名前は、言いにくく難しかったという認識にも、新鮮な発見がある。そうか、そうだったのか……。

けれどこの名前のおかげで、人々は、

「国技館でやっているんだから、きっと相撲は日本の国技なんだろう」

と思うようになったのだ。偶然の産物だが。

はじめに建物ありき。この時から、なんとなく「国技・大相撲」という認識が始まって、百十年になる。人相撲が誇る長い歴史の中では、ほんの最近のことではないか？

では、相撲はいつからあるのか？

「女人禁制」の始まり

有名な当麻蹶速《たいまのけはや》と野見宿禰《のみのすくね》の戦いは、垂仁《すいにん》天皇七年（BC二三年？　なにせ在位九十九年・百四十歳で崩御とされる天皇の時代だ）。勝った野見宿禰が、相撲の始祖とされている。それを祀《まつ》っているのが、現在も各地にある「野見宿禰神社」や「野見神社」だ。

そして、雄略《ゆうりゃく》天皇十三年（四六九）、には「采女《うねめ》（女官）の着物を脱がせて、相撲をとらせた」とある。それを記述した『日本書紀』（養老《ようろう》四年・七二〇）が「相撲」という言葉の初出。初出でいきなり、女が相撲をとっているのだ。

これを女相撲の元祖だという人もいるが、ちょっと違う。

話はこうだ。腕自慢の木工師がいて、けっして間違えないという。そこで雄略天皇は、

「お前、手元が狂うことはないのか？」

「ありません」

「本当か？」

「本当です」

「絶対に間違えないか？」

「絶対に、間違えません！」

そこで天皇は、木工師が作業しているそばで、女官たちを裸にして褌《ふんどし》をしめて相撲をとらせた。彼の気を散らせようというわけだ。すると、手元が狂った。

「お前、絶対に間違えないと言ったよな。俺様に嘘《うそ》をついたわけだ。死刑！」

ひどい話だ。現代でいえば、木工師へのパワハラであり、女官へもパワハラでセクハラだ。まあ、暴君で有名な雄略天皇らしいエピソードだ（ちなみに、仲間の助命の願いを天皇が聞き入れて、木工師は助かっている。助けたことも含めて、雄略天皇のエピソードにしたかったのだろう）。


相撲はその後、五穀豊穣《ごこくほうじょう》や一年の吉兆《きっちょう》を占う「神事相撲」となる。今も各地にそういった行事が残っている。有名なのは愛媛県今治《いまばり》市・大山祇《おおやまづみ》神社の「一人角力」だろう。稲の精霊を相手に人間が相撲を取り、稲の精霊が勝つことで豊作を願う（春）、あるいは感謝する（秋）というもの。ここは伊予《いよ》国一の宮だから創建は古い。記録に残る一人角力はおそらく江戸時代でそう古くはないが、奉納相撲の類は他の多くの神社にもある。

これらが「相撲は神事である」の根拠となっている。もっとも、相撲に限らず、古代の儀式や行事はたいてい農作物の豊凶を占うものだが。

やがて平安期、宮中行事の「節会《せちえ》相撲」になる。宮廷の天皇と貴族の前で、各地から集められた相撲人《すまいびと》が次々と相撲を行う。さらに、相撲に付随した舞楽《ぶがく》も演じる。最初は神事であり、余興であったが、しだいに鍛錬《たんれん》の要素も帯びてくる。そしてだんだん形骸《けいがい》化し、優雅な宮中行事になる。しかし、まだ土俵も行司もない。だから当然、「土俵上は女人禁制」の禁忌《きんき》もない。

土俵の誕生は、室町時代末期の永禄《えいろく》年間（一五五八～七〇）。織田信長《おだのぶなが》の頃だ。この頃はすでに、鍛錬重視の「武家相撲」になっている。信長の相撲好きは有名で、天正《てんしょう》六年（一五七八）、安土城《あづち》で開催した上覧相撲では、相撲の心得がある者を千五百人も集め、朝から夕まで相撲を取らせたという。

そして『信長公記《しんちょうこうき》』には行司の始まりも書かれている。では、この土俵・行司誕生時に「女人禁制」があったのか？

当時の世間話を集めた『義残後覚《ぎざんこうかく》』という書物がある。これに「勧進相撲《かんじん》（一般客に相撲を見せる興行）に、観客から飛び入り参加の比丘尼《びくに》（尼僧）が土俵に上がり、何人もの力士を投げ飛ばした」という記述があるのだ。なんとも痛快なエピソードだ。このあとに「比丘尼は実は人間ではなく、葛城山《かつらぎやま》の天狗《てんぐ》だった」と余計なオチをつけているのが残念だが……。

もちろん、珍しいことだから書いているのだ。が、そこに、女が土俵に上がることはけしからん、という様子はうかがえない。

江戸時代に入ると、こういった「勧進相撲」が人気になる。名目上は寺社の建立《こんりゅう》や修復の費用集めだから「勧進」で、回向院境内がその場所になった。が、実態は興行だ。現在私たちが知っている相撲の形は、ここから始まる。

興行だから、客が集まることをやる。延享《えんきょう》元年（一七四四）頃には、「女相撲」の記録が現れるのだ。明和《めいわ》年間（一七六四〜七二）には江戸で、少し遅れて上方《かみがた》（京・大坂）でも女相撲が始まった。当時の絵を見ると、女力士も裸で化粧廻しのようなものをしている。しかしどうも、猥雑《わいざつ》なものとしては見ていないようだ。

やがて「座頭《ざとう》相撲（盲人男性同士の相撲）」、さらに「女・座頭相撲（女と盲人男性の相撲)」というものまで登場するのだ。現在からは信じられない悪趣味な見世物だ。が、これをもって相撲界は野蛮《やばん》で醜悪《しゅうあく》だと非難するのは、半分正しく、半分間違っている。当時は社会全体がそういう見世物を容認する感覚だったのだ。

明和六年に、「女・座頭相撲」は寺社奉行《じしゃぶぎょう》による停止命令を受けている。公然猥褻《わいせつ》のためだ。そりゃそうだろう。しかしその後、復活して続く。

ところが実は、この勧進相撲、見物に関しては女人禁制だったのだ。というのは、相撲見物の観客が興奮し、熱くなり、贔屓《ひいき》力士が勝った負けたで客同士が喧嘩《けんか》になることもあったからだ。荒っぽくて、当時はとても女性が行けるところではなかったという。おそらく、女相撲や女・座頭相撲という見世物があるのも、その理由だったろう。

女性の相撲見物が許されたのは、寛政《かんせい》三年（一七九一）。しかも千秋楽《せんしゅうらく》の一部だった。正式に許されるのは、なんと明治に入ってからだ。

会場全体に女の出入りが禁止されていたのなら、その中心に位置する土俵にも、女は出入りできない。そのへんからなんとなく「土俵は女人禁制の神聖な場所」という伝統っぽく思うのだろう。しかし、女相撲は堂々とやっているんだから、よく考えると、それはおかしい。女・座頭相撲なんて見世物をやっておいて「土俵は神聖！」と言うのも、あまり説得力がないではないか。

そうして時代は明治に入る。

「相撲」の生き残りをかけて

明治に入って、相撲は苦労する。なにしろ、ザンギリ頭に洋装の文明開化《ぶんめいかいか》時代に、ちょん髷《まげ》を結ったハダカの男が、大勢の見物客の前で取っ組み合いをするのだ。もともと日本は公共の場でのハダカにわりと寛容な文化だが、たくさんの外国人がやってきて顔をしかめることで、急に恥ずかしくなった。

「未開野蛮なものであり、文明人がやることではない」

と明治初年には相撲廃止論がおきた。

明治五年（一八七二）、東京府が「違式詿違条例《いしきかいいじょうれい》」というのを出す。これは軽犯罪法みたいなもの。その二十二条に「人前で裸体になるな」、二十五条に「男女相撲ならびに蛇《へび》遣《つか》いなどを見世物にするな」というのがあるのだ。前者は相撲の全否定。後者は、女・座頭相撲をまだやっていたということだ。「蛇遣い」と同列に書かれていることでギョッとするが、その見世物感がよくわかる。

なお同じこの年、「神社仏閣女人結界《けっかい》の場所を廃し、登山参詣《さんけい》随意とする」という太政官《だじょうかん》布告が出ている。ここでようやく……なのだ。

　これを受けて相撲界はどうしたか？　十一月の新聞には、

「従来、勧進の故《ゆえ》をもって、婦人の観覧を許さざりしが、当暮場所二日目、昨二十三日より婦人の見物を随意にせり」

と出ている。女・座頭相撲などやっといてなにが「勧進の故」だと思うし、もし（営利目的でなく浄財《じょうざい》を集めるための）勧進だとしても、それで女性の見物を許さないというのはまるで理屈になっていない。

　ともあれこれで、女性も大手《おおで》を振って相撲を見物できるようになったのだ。

　相撲界は生き残りに必死だ。大名のお抱えで生活が安定していた力士も、その大名がなくなってしまったのだ。なんとか相撲で食っていかなくてはならない。そこで、「ただ取っ組み合いをしてるだけじゃなく、ふだんからみなさんのお役に立ってますよ」という意味で、町内警備の力士消防組織「消防別手組」を作り、存在価値をアピールした。

　とはいえ、力士たちの生活は貧窮《ひんきゅう》する。さらに不明瞭な会計に、運営幹部と現場の力士たちが揉める。改革をとなえた力士は除名されたり、分離独立したり、復帰したり……。実は、こういうのはその後何度もある（のちの昭和七年「春秋園《しゅんじゅうえん》事件」が有名）。相撲界が揉めるのはある種「伝統」なのだ。

　一方、女相撲は、東京以外の地に行くことで生き延びた。明治十三年（一八八〇）、山形県で石山兵四郎という人が興行女相撲を発明する。肉襦袢《にくじゅばん》、股引《ももひ》きの廻し姿で人気になり、各地で興行。十年後には東京回向院境内でも興行を行っている（警視庁によって停止命令が出たが）。女相撲は、その後、分派も出て、地方で興行を続ける。戦後の昭和三十年代まで生き延びることになる。

先を急ぎすぎた。まだ相撲が危急存亡《ききゅうそんぼう》の秋《とき》だった頃に戻ろう。明治十一年（一八七八）、相撲興行は警視庁公認となり、廃止論はようやくおさまる。

そして明治十七年（一八八四）、天覧相撲が盛大に行われて相撲人気が復活した。これは前年にできた「鹿鳴館《ろくめいかん》」による陳腐《ちんぷ》な西洋化への反動もある。明治の日本は、急激な西洋化勢力と、揺り戻しでおこる旧来の儒教的復古勢力とが、何度も入れ替わりながら進んでいくのだ。

かくしてようやく明治四十二年、念願の常設館「国技館」に至る。そういえば、例の江見水蔭の挨拶文には「玉座《ぎょくざ》の特置をさへ許可せられたる事、大角力協会の最も光栄とする処」という文章があった。

相撲が生き残り、今後も続いていくことの象徴が、「常設の建物」である国技館だったのだ。

ところで、「国技」というのは何だろう？

「国技館」がいっぱい！

江戸時代後期の文化《ぶんか》・文政《ぶんせい》時代（一八〇四〜三〇）、当時盛んだった囲碁《いご》を、武士階級が「国技」と称したのが初出のようだ。そうか、「技」だから、別に体力モノでなくてもいいのか。すると、現在東京・市ヶ谷にある囲碁の団体日本棋院《きいん》が「国技館」を名乗ってもよさそうだ。

他に、剣道、弓道《きゅうどう》、柔道が名乗っても違和感はない。嘉納治五郎《かのうじごろう》が古来の柔術を「柔道」として「講道館《こうどうかん》」を創設したのは明治十五年（一八八二）。もしこっちが先に「国技館」としていたら、二十七年後に相撲は「国技」を名乗れなかったかもしれない。

さて、両国にできた（相撲の）「国技館」は大成功した。すると各地に同様の建物がじゃんじゃんできるのだ。

元祖の「旧両国国技館」明治四十二年（一九〇九）。

同じく東京・浅草の凌雲閣《りょううんかく》隣に「浅草国技館」明治四十五年（一九一二）。

さらに「京都国技館」明治四十五年（一九一二）。

そして熊本に「肥後《ひご》国技館（肥後相撲館）」大正二年（一九一三）。

「名古屋国技館」大正三年（一九一四）。

「富山国技館（北陸国技館）」大正四年（一九一五）。

「大阪国技館」大正八年（一九一九）。

ずっと遅れて「大阪大国技館」昭和十二年（一九三七）。

なんと、日本各地に一大「国技館ブーム」がおきていたとは！

時代を見ればわかる。ほとんどが、明治の終わりから大正。日本は日露《にちろ》戦争（一九〇四〜〇五）に引き分けて、「国」としての高揚感が増していた時。本書の第一部で、日本人が好きな時代③としたところだ。だからこそ、その四年後にできた常設館を「国技館」と名付けたい気分になっていたのだろう。

その両国国技館は二度全壊して、二度建て直している。最初は大正六年（一九一七）の失火。建て直したあと、二度目が大正十二年（一九二三）の関東大震災。建物と組織の立て直しのため、東京相撲が大阪相撲を合併する形で、大正十四年（一九二五）、財団法人大日本相撲協会を設立した。初代会長は福田《ふくだ》雅太郎《まさたろう》陸軍大将だ。その時、

「日本固有ノ国技タル相撲道ノ維持興隆」

という大義を掲げているのだ。もともとは偶然つけられた建物名だったのだが、わずか十五年程度で「国技タル相撲道」になっている。

こうして大相撲は、国家と軍部を後ろ盾《うしろだて》にして再出発した。当時の「国」は色濃く「神道《しんとう》」と結びついている。もちろん古代の相撲には素朴《そぼく》な神事の側面もあったが、ここから、ことさら神道との結びつきが強調されていくのだと思う。

たとえば、土俵の上にある屋根。江戸時代は切妻《きりづま》造りだった。二つの斜面が山形に合わさるだけの単純な屋根だ。

両国国技館ができた時、屋内だから屋根はいらないのだが、四本柱と屋根はそのまま持ち込まれる。その屋根は、四方向破風《はふ》入母屋《いりもや》造り（寄棟《よせむね》造りの上に切妻造りが乗っている形。三角形の破風が目立つ。格式が高いとされる）になる。神社の神楽殿《かぐらでん》や能舞台の屋根の形だ。

そして昭和六年（一九三一）には、神明《しんめい》造り（切妻で、屋根が合わさる所にV字型に千木《ちぎ》が飛び出ている）に変わる。伊勢《いせ》神宮に代表される古い神社の形式だ。明らかに神道に寄せてきている。そしてこれが現在にいたるのだ。いま両国国技館にある吊り屋根の、堂々たる千木と鰹木《かつおぎ》、そして水引幕《みずひきまく》の、なんとも神社風であることか。

やがて昭和十年代に入ると、大相撲の大陸巡業や皇軍慰問《いもん》が増えてくる。満州や中国各地の日本軍に慰問団が派遣されるのだ。もちろん皇軍慰問は相撲だけでなく、歌舞伎、演芸、芸妓などさまざまな芸能の団体で行われている。吉本興業の「わらわし隊」（戦闘機部隊の愛称・荒鷲《あらわし》隊にかけている）など比較的有名だ。笑いは歓迎されただろう。しかし、笑いよりも軍部に望まれたのは、身体の鍛錬《たんれん》にもなる相撲だった。スポーツであり、芸能であり、神事であり、そして国技。「国技・相撲」という肩書はとても利用価値が高かったのだ。大相撲は、皇軍慰問の参加者の多さと活動期間の長さにおいて、群《ぐん》を抜いて他団体より多い。

そういえば、一つだけ遅れてできた「大阪大国技館」は、双葉山《ふたばやま》ブームの時（昭和十二年）だ。双葉山の連勝記録は日中戦争の日本軍に重ねられたことが、よく知られている。

日本相撲協会がまとめた『近世日本相撲史』は、昭和十年代についてこう書いている。

「この年代ほど国民から愛され親しまれたことは、長い相撲史の中でも他にない。戦争という勝たねばならない時代に、相撲は敢闘《かんとう》精神の訓育のために、国民体育の鍛錬のために、ますます盛んになった」

伝統は遡る

過去に二度全壊した旧両国国技館は、東京大空襲で三度目の被害にあう。まったく、何度壊されればいいのか。

戦後は、ＧＨＱに接収され「メモリアルホール」と名前を変えた。その後、日本大学が買い、「日大講堂」と呼ばれる。プロボクシングやプロレスの興行が行われたので、懐かしく記憶に残っている方も多いだろう。

相撲協会は昭和二十九年（一九五四）、隅田川を挟んだ反対側に「蔵前国技館」を建てる。そして昭和六十年（一九八五）、現在の「両国国技館」となる。一貫して「国技館」であることに、もはや誰も疑問を持たない。しかも、その「国技」という言葉に引っ張られて、建物がどんどん和風になっていくのだ。

思い出してもらいたい、旧両国国技館はドーム状屋根のバリバリ西洋建築だった。いま見ると、モンゴルの遊牧民のゲルみたいでもある。むしろ、モンゴル相撲に似合いそうだ。それが蔵前国技館では純和風建築になった。次の、現在の両国国技館など、遠目にはなんだか巨大な四阿《あずまや》か竪穴《たてあな》式住居みたいでもある。

行司の烏帽子《えぼし》直垂《ひたたれ》という装束《しょうぞく》も、実は旧両国国技館開館の翌年（一九一〇）に決められた。それまでは裃《かみしも》だったから、あえて一時代前の平安朝の装束になって古式を強調している。行司の登場は信長の頃だから、そんな時代ではないのに。

何度も書くが、「伝統」は自ら過去へ遡《さかのぼ》っていく性質があるのだ。

戦前の「大日本相撲協会」は、戦後「日本相撲協会」に改称して今に至るのだが、現在も設立の定款《ていかん》には、

「日大講堂」として使用されていた1981年時の旧両国国技館。何度かの改修はあったが、西洋風ドーム型大鉄傘は最後まで健在。(写真提供・朝日新聞社)

仮設の時期を含めて34年間、ファンから親しまれた蔵前国技館。純和風建築の面構えがよくわかる。写真は蔵前最後の場所開催時(1984年9月)のもの。(写真提供・朝日新聞社)

現在の両国国技館(2018年)。「和風」に加え「神聖さ」さえ感じさせるたたずまい。旧国技館から蔵前、そして現国技館……「国技館」に対する伝統意識の変遷が見て取れる。

「太古より五穀豊穣を祈り執り行われた神事（祭事）を起源とし、我が国固有の国技である相撲道の伝統と秩序を維持し継承発展させるため」

と書かれている。すっかり、相撲＝国技という認識になっているのだ。これぞ、伝統力！

女人禁制の必然性は？

力士が土俵を「神聖な場所」と見る考えは、多くの方が理解できるのではないだろうか。それはボクサー、レスラーがリングを、野球のピッチャーがマウンドを神聖と見る気持ちと同じだ。

いや、スポーツだけでなく、たいていの仕事では自らが働く場所を神聖と考え、敬虔《けいけん》な気持ちになり、他者の侵入を嫌う傾向がある。仕事場が海、山、川など自然環境にある場合はとくにそうだし、工事現場、工場などもそうだ。工房、厨房《ちゅうぼう》、舞台などの徒弟《とてい》制度・職人芸的な色合いが強い仕事場でもそう。面白いことに、最新のハイテクメカが並ぶような場所も、そういう感覚が強い。あれは機械が神となっているのだろうか？　そして、ごく普通のオフィスにだってそういう気分は働く。濃淡はあれど。

現実的には、それによって部外者によるトラブルや事故を未然に防ぐ効果がある。格闘技の場合は怪我《けが》がつきものだから、より神経質になるのだろう。そこで、たいていの場合「女人禁制」を言い出す。

だが、ちょっと待った。よく考えてみれば、「その場所が神聖である」ことと「女が立ち入ってはならない」はリンクしないのだ。「部外者が立ち入ってはならない」とか「一定の儀式、手続きを済ませないと立ち入ってはならない」ならわかるけど。なぜ、女人禁制になるのか?

明治五年の太政官布告で「神社仏閣女人結界の場所を廃し、登山参詣随意とする」と出たことからわかるように、昔から女人禁制の場はいろいろある。外国にもあった。

その禁制が「女人」である理由としては、①原始宗教や民間信仰的な「ケガレの思想」。②男尊女卑《だんそんじょひ》。③(体力的に弱い、あるいは子供を産む体の)女性には危険な場所だから。④女性がいると男たちの気持ちが乱れる……などが上げられるだろう。

このうち①は質・程度の差こそあれ昔から世界中にあった。が、今や人権的に問題があるので、どんどんなくなっている。②も時代遅れの考え。③は一般的にそう思われているだけで、やってみれば女性にできるケースも増えている。④に関しては、男側の問題だ。自制しなさい。

しかし、その「神聖」である土俵だって、ずいぶん変わってきているのだ。

まず土俵の大きさが変わっている。江戸以来直径十三尺《しゃく》（三・九四メートル）の二重土俵だった。が、昭和六年（一九三一）、内側の円をなくして直径十五尺（四・五五メートル）の一重土俵になった。戦後すぐ、GHQに言われて直径十六尺になる。が、一場所だけでまた十五尺に戻って現在にいたる。

それに先立つ昭和三年（一九二八）、それまでは無制限だった仕切りに、制限時間ができた。なぜか？　NHKのラジオ放送が始まったからだ。今までと同じにやっていては放送時間内に収まらない。当初は幕下五分、十両七分、幕内十分。ずいぶんのんびりしている。その後、短くなり、現在は幕下二分、十両三分、幕内四分。ちゃんと六時に終わるよう、メディアに配慮しているのだ。

制限時間と一緒に、土俵上の仕切り線もできた。あの線、昔はなかったのだ。

土俵の上の屋根が、だんだん神社風に変わってきたのは、さっき書いた。かつてその屋根を支える四本の柱があった。当り前だ。野外で行われていたのだから。そして屋内の国技館になってからも、あった。その柱の前に座布団を敷いて勝負検査役が座っていたのだ。が、一重土俵になった時、検査役は土俵の下に降りた。だが、まだ柱はある。

しかし昭和二十七年（一九五二）、柱は取っ払われ、吊り屋根になった。柱の代わりに、四隅に房《ふさ》を垂らした。現在の黒房《くろぶさ》・青房《あおぶさ》・赤房《あかぶさ》・白房《しろぶさ》だ。なぜか？　翌年テレビ放送が始まるからだ。だって、柱がないほうが見やすい。

むろんこの四色は、玄武《げんぶ》・青龍《せいりゅう》・朱雀《すざく》・白虎《びゃっこ》という四神だ。

「四色さえあれば、べつに柱でなくて房だっていいんじゃないか？」

と誰かが判断したわけだ。素晴らしい！

こうして見ると、相撲はむしろ、時流に合わせ、メディアに合わせ、色々と変わってきた伝統だということがよくわかる。ビデオ判定だって、すでに昭和四十四年（一九六九）に取り入れている。野球、サッカー、アメフトなどに比べ、はるかに早い。ひょっとして世界一早いのではないか？　いや、それを責めているのではない。変わってきたから続いているのだ。とくに、あの明治初期の「蛮風批判」の時は大変だった。ひょっとしたらなくなってしまうかもしれなかったのだ。偶然ではあったけど、「国技・大相撲」は起死回《きしかい》生《せい》の大きな看板になった。そして、それが伝統になった。

この時から大相撲は、国と、神道と、軍とのつながりが強くなる。一応念のために言っておくが、この「国」とは、戦後のそれではない。「大日本帝国」だ。神道も、古代から続いてきた五穀豊穣の素朴《そぼく》な信仰のことではない。「国家神道」だ。この一連の流れの中で「土俵上の女人禁制」が強調されるようになったのではないだろうか？　だってその前までは「女相撲」や「女・座頭相撲」もやっていて、それが非難されたのだ。反動として、いや実は女人禁制なのだ、と強く言いたくなる気持ちもわかる。今さら引っ込みがつかないのもわかる。

だが大丈夫だ。たぶん、もう相撲はなくならない。時流に合わせてもう一回変わったって、どうってことはない。

＊

大相撲には……、

「国技」だから他とは違う

「神事」に口をはさむな

「男社会」でなにが悪い

……という伝統マウンティングがはたらいている。

第三章　「先祖代々之墓」を守れ？

「先祖代々之墓」は、いつから先祖代々なのか？

現代では、生まれ育った場所とは別の土地で暮らす人が多い。しかし、先祖からのお墓は生まれ育った土地にある。そして、日本全国で高齢化が進んでいる。いま、やがて故郷で暮らす親や親族が亡くなったあと、

「先祖代々之墓をどうするのか？」

「誰が守っていくのか？」

という問題に直面するケースが増えている。

「親がそこに入っても、遠い場所のお墓に何度もお参りできるだろうか？」

「いつか自分もそのお墓に入るのか？」

「さらにそれを、子供たちが継いでいくのか？」

加えて、妻側からは、

「知らない夫側のご先祖と一緒のお墓に入りたくない」

「ゆかりのない場所のお墓は嫌《いや》」

さらに、

「夫と同じお墓に入りたくない」

というのもある。揉《も》める。

だがしかし、そのお墓は本当に先祖代々からなのか？　いやそれどころか、我々はいったいいつからお墓参りをしてるのか？

＊

その前に、まず「冠婚葬祭《かんこんそうさい》」について軽く触れておこう。

冠婚葬祭は伝統と相性がいい。いや、人が生きていく上で通る節目で行う習慣や儀式がしだいに整えられ、受け継がれて、伝統となる。つまり、もともとは冠婚葬祭が伝統を生むのだ。すると逆に、たとえ新しくできた習慣や儀式でも、冠婚葬祭の中に組み入れられると、古くからの伝統のように見えてくる。

「冠」は、子供の成長に伴うさまざまな儀礼だ。普通は成人式のことを指す。これは第一部でも述べた。元服《げんぷく》や髪上げなどの儀式は古くからあるが、現在の成人式は戦後生まれの伝統だ。

「婚」は、婚礼。普通は結婚式を指す。一般に古式ゆかしい……と思われている「神前結《しんぜん》婚式」は、新しい。明治三十三年（一九〇〇）、当時の皇太子（のちの大正天皇）の婚儀に際して定められたものだ。東京・日比谷《ひびや》の神宮奉斎会《じんぐうほうさいかい》（皇大神宮遙拝殿として明治十三年創建。現在の飯田橋・東京大神宮）が様式を定めた。

それに先立つ八年前には、最初の「仏前《ぶつぜん》結婚式」が行われている。ともに、明治になって始まったキリスト教式結婚式を参考に作られた新しい伝統だ。

そもそも日本には、神や仏に誓う形の結婚式なんてものはなかった。いわば、結婚披露宴だけがあるという形。最近は、宗教とは切り離した「人前結婚式」というスタイルもあるが、実は古い日本の伝統はこっちに近いのではないか？

ついでに言うと、明治九年（一八七六）、太政官《だじょうかん》指令で、「他家に嫁《とつ》いだ婦女は、婚前の氏」とされた。つまり最初は「夫婦別姓」だった。そして明治三十一年（一八九八）、「民法」（旧民法）が成立。ここで「夫婦同姓」に変わった。戦後の昭和二十二年（一九四七）、「改正民法」が成立。夫の姓、妻の姓、どちらでも選べるようにはなったが「夫婦同姓」。これも、明治生まれの伝統だ。

そしてその後、「選択的夫婦別姓」（同姓でもいいし、別姓でもいい。選べる）について、ずーっと揉めている。

「葬」は、葬式のこと。「祭」は、お祭りのことではなく、法事やお盆などで先祖を祀《まつ》ること。つまり、「葬祭」が、お墓参りに関係する。

フェイクニュースと「葬式仏教」

インド生まれの仏教が中国、朝鮮半島を経由して日本に伝わってきたのは、五三八年とも五五二年とも言われている。いずれにせよ、六世紀中頃だ。

安心してほしい。そんな昔から説き起こすつもりはない。仏教が、初期は信仰だけでなく、思想、学問、科学、国家運営上のツールとして受容されたのは、多くの方がご存知だろう。今も各地に残る「国分寺《こくぶんじ》」がそうだ。

話はそこから一気に飛んで、江戸時代に入る。幕府がキリシタンを禁止したのも、多くの人が知っている。島原《しまばら》の乱（寛永《かんえい》十四年・一六三七）の前後から、寺請《てらうけ》制度・檀家《だんか》制度が整えられていくのだ。これは要するに、各地域の寺が「この住民は我が寺の信者であり、キリシタンではない」と証明すること。証明してもらわなければ住民はキリシタンの疑いを持たれるわけで、生死にかかわる。なので、すべての人はどこかのお寺（檀那寺《だんなでら》）の檀家にならざるをえない、という仕組みだ。

こうして寺は行政の末端として戸籍係の役割と、キリシタン監視の役割も兼ねた。その代わりに、葬式・法要の独占権を得た。今風に言えば、幕府とお寺が「Win-Winの関係」なわけで、よくできている。

やがて元禄《げんろく》（一六八八〜一七〇四）の頃、『宗門檀那請合之掟《しゅうもんだんなうけあいのおきて》』という文書が現れる。頭に「神君様御掟目《しんくんさまごじょうもく》」という言葉がつく場合もある。神君とは徳川家康《とくがわいえやす》のことだ。

内容は、住民に対し、

「葬式、法要などを檀那寺で行え」

「寺の改築・新築費を負担しろ」

「お布施《ふせ》を払え、戒名《かいみょう》を付けろ」

「檀那寺を変えるな」

……などと、やたらお寺側に有利なことが並んでいる。それもそのはず、これは偽書なのであった。今でいうフェイクニュースだ。

しかも、いかにも神君・家康が決めたことのように寺に張り出され、寺子屋《てらこや》の習字手本にも使われたというから、これまた、今風に言えば印象操作や、洗脳教育みたいなものだ。

こうして、寺は経営が安定した。俗に「葬式仏教」とよばれるものは、ここに始まる。つまり、一般庶民《しょみん》がお寺のお坊さんで葬儀・法要を行い、家の中の仏壇にご先祖の位牌《いはい》が並ぶ光景（位牌を使わない宗派もある）は、三百年くらいの伝統なのだ。けっこう古いような気もするが、この国に仏教が入ってきてからの歴史を考えると、比較的浅い。

ちなみに、もともとの仏教で、死後の戒名はない。戒名は本来、仏の弟子になって修行をした証《あかし》としてもらう名前なのだ。日本では、死んでから弟子になった……ということにして戒名をつける。ランクが色々あって、それによって値段が違うのも有名。そのシステムがわかりにくいのも有名。だいたい、戒名をつける状況に遭遇するのは、普通の人は一生のうち多くて数回。一方お坊さん側は何百とつけてきているわけで、それはもう観光地の手練《てだ》れの土産物《みやげもの》屋と一見《いちげん》の客が値段交渉をしているようなものだ。

「戒名と土産物を一緒にするな」

と怒られるかもしれないが、なに、あれは亡くなった方へ贈るせめてもの手土産みたいなもの、と言えなくもないだろう。

一般には、居士《こじ》、大姉《だいし》、信士《しんじ》、信女《しんにょ》……なんてところだが、生前に多額の布施をしたり寺院を寄進《きしん》した皇族には、その上に院号が贈られる。足利尊氏《あしかがたかうじ》は皇族に遠慮して、はじめて院殿号《いんでんごう》を名乗った。が、今では「〜院」より「〜院殿」のほうが格上と見られている。

たしかに、このほうが画数が多く、大きくて立派に見える。このへんも土産物に似ている。仏壇のルーツは、教科書でも有名な「玉虫厨子《たまむしのずし》」だと言われている。くだって室町時代になると、浄土真宗《じょうどしんしゅう》中興の祖・蓮如《れんにょ》が「各家に仏壇を置いて、阿弥陀如来《あみだにょらい》を祀るように」と言ったので、しだいに広まっていく。江戸時代になって、寺請制度・檀家制度で各家に仏壇を置いて拝むようになった。

位牌のルーツは、仏教ではなく儒教《じゅきょう》から来ている。というか、そもそも祖霊信仰が仏教にはない。中国の儒教と、日本土着の原始神道《しんとう》的な民俗信仰とが融合したのだ。仏壇では、本来はご本尊である仏像や仏画を拝むはずなのだが、結局我々は（戒名を持って仏につながったとされる）ご先祖様を拝んでいる。

ところで、江戸時代初期の名僧・沢庵和尚《たくあんおしょう》は、自分の死に際しての遺言《ゆいごん》で、

「自分の葬式はするな。香典《こうでん》は一切もらうな。死骸《しがい》は夜密《ひそ》かに担ぎ出して後山に埋めて二度と参るな。墓を作るな。朝廷から禅師号《ぜんじごう》を受けるな。位牌を作るな。法事をするな。年譜を誌《しる》すな」

と残している。カッコいい！　まさに寺請制度・檀家制度が整えられていく時代に亡くなっているだけに、僧侶としての凄《すご》みを感じる。

「お墓」とショートカット

　さて、お墓はいつからあるのか？

　これまた、前方後円墳《ぜんぽうこうえんふん》の昔から説き起こすつもりはないから、安心してもらいたい。それにあれは、権力者のものだ。

　「養老律令《ようろうりつりょう》」（天平宝字《てんぴょうほうじ》元年・七五七）の喪葬令《そうそうりょう》で、庶民は墓を持ってはいけないとされた。なので、ずっと時代が下っても、普通の人々は決められた地域（集落ごとの共同墓地）に穴を掘って埋め、上に土饅頭《どまんじゅう》を作る。もちろん土葬だ。いわば、これが墓。目印として石を置いたり、木を植えたりはする。やがて遺体が腐敗して土饅頭は陥没し、どこだかわからなくなる。文字通り、土に還《かえ》るというわけだ。

　しかしそれではご先祖を拝もうにも、どこを拝めばいいのかわからない。そこでやがて、埋めたのとは別の便利な場所に、石塔を作って拝むようになった。民俗学では、これを「埋め墓」と「詣《まい》り墓」の両墓制と呼んでいる。

　墓とはいうけれど、石塔だ。四角の土台石の上に丸い石、さらにその上に屋根型の石……と積み重なっている五輪塔《ごりんとう》（下から、地輪《ちりん》・水輪《すいりん》・火輪《かりん》・風輪《ふうりん》・空輪《くうりん》と呼ぶらしい）など。手がかかっているから、庶民にそんなものは建てられない。上流階級の話だ。

　しかし、「詣り墓」を拝んだところで、それはしょせんただの石材だ。ヒット曲「千の風になって」の歌詞のように、〜そこに私はいません……なのだ。けれど、遠くにある「埋め墓」（その下には遺体が埋まっている）につながる入口だと考えればいい。そうするとこれは、今でいうアイコンのショートカットみたいなものだろう。

一般庶民が墓を建てるようになるのは、江戸時代のことだ。各地の墓地で墓碑を調査したところ、

「寛永、慶安《けいあん》、寛文《かんぶん》（十七世紀半ば。檀家制度が始まった頃）」……の墓はまれ。

「享保《きょうほう》、延享《えんきょう》、宝暦《ほうれき》（十八世紀前半。偽書『宗門檀那請合之掟』が広がり始めた頃）」……の墓も、まだ少ない。ようやく、

「文化《ぶんか》・文政《ぶんせい》・天保《てんぽう》（十九世紀前半）」……頃の墓から増え始める。

天保二年（一八三一）に「墓石制限令」というものが出ている。これは「百姓・町人の戒名の院号・居士禁止」や「墓石の高さは四尺《しゃく》まで」などと決めたもの。ということは、それ以前に、豪商や裕福な層がそういう墓を建てていたということだろう。そして、この規則を守るなら庶民も墓を建てていいということだ。

ここからみんな墓を建て始める。一人の人間がこの世に生きた証《あかし》を、永遠に風化しない石に刻んで残したい、という気持ちは理解できる。

しかし数が増えると、五輪塔みたいに手の込んだものでは石材屋が大変だ。はじめの頃

は、石柱の上に屋根がついている「屋根付き」「笠付き」などという墓になる。が、それすらも手がかかるので、現在私たちがよく知っている石柱型の墓になっていく。そうか、あれは需要増に対応するための量産型だったのか！

つまり庶民がお墓を建て、お墓参りをする伝統は二百年くらいの歴史しかない。

「先祖代々之墓」の登場

明治になって、寺請制度がなくなる。すると葬式仏教だけが残った。

そこへ、明治政府の「家制度」が始まるのだ。すると「先祖代々之墓」なるものが現れる。ここで「一緒の墓に入る」とか、「墓を継ぐ」とか「代々の墓を守る」という意識が生まれてくるのだ。

だが待ってほしい。このお墓は「詣り墓」だ。一緒の墓に入ろうにも、〜そこに私はいませんなのだ。

現在我々が知っているお墓は、石柱の下に骨壺《こつつぼ》を入れる場所がある。これをカロートという。カタカナだから元はサンスクリット語かな、と思うがそうではなく、漢字で書くと「唐櫃」。長櫃《ながびつ》、米櫃《こめびつ》の「櫃《ひつ》」だ。カロートに骨壺を複数入れることが「一緒のお墓に入る」であり、そこに先祖のものが一緒にあることで「〇〇家代々之墓」となるのだ。そのためには、火葬が前提である。

火葬は、実は『続日本紀《しょくにほんぎ》』にも出てくるから古い。日本で記録に残る、最初に火葬にされた人は僧・道昭《どうしょう》（文武《もんむ》天皇四年・七〇〇）。遣唐使《けんとうし》となって唐に渡った時、あの玄奘三蔵《げんじょうさんぞう》（『西遊記』の三蔵法師のモデル）に学んだ僧。……ということは、孫悟空《そんごくう》とは兄弟弟子になるのか？　もうほとんど物語の世界に半分足を踏み入れた存在だ。最初に火葬にされた天皇は、持統《じとう》天皇（大宝《たいほう》二年・七〇二）だという。

以降、皇族、貴族、僧侶など、火葬は一部の特権階級で行うものだった。なぜなら、貴重な薪《まき》を大量に使わなければならず、費用がかかるからだ。

それでも江戸時代には、江戸、大坂、京都など人口過密地帯では火葬が行われるようになっていた。土葬では土地が足りないからだ。しかし、地方は土葬だ。

実は、明治六年（一八七三）にいったん「火葬禁止令」が出ている。理由は、明治になって勢いづいた神道派が、

「火葬は仏教葬法であり、廃止すべき！」

と主張したからだ。なにしろ激しい廃仏毀釈《はいぶつきしゃく》運動の頃だ。

ところが、実際にそうやってみると、またたく間に土葬用の土地が足りなくなる。あるいは土葬を拒む土地も出て来た。わずか二年足らずで、火葬禁止令を廃止した。そして、

公衆衛生の観点からも火葬が推奨された。

明治の思想家として有名な中江兆民《なかえちょうみん》は、

「人が死ねば墓地ばかりが増えて、宅地や耕地を侵食する。自分の場合は、火葬した骨と灰を海中に投棄《とうき》してほしい」

と書いている。いま流行《はや》りの海洋散骨《さんこつ》を、百年も前に先取りしているのだ。

兆民は無神論・無宗教の人だから、葬式も拒否。そこで、亡くなったあと、友人たちが青山墓地で行ったのが、日本初の「告別式」だ（明治三十四年・一九〇一）。あれはもともと、宗教とは別のものとして始まった。

しかしそれでも、全国の火葬率は明治半ばで約三十％。明治三十年（一八九七）の「伝染病予防法」で、伝染病で亡くなった人の火葬が義務付けられてから、火葬率が上がっていく。が、大正時代で四十％。五十％を超えたのは戦後の一九五〇年代。火葬施設が整えられることで一九八〇年代に九十％を超え、現在はほぼ百％。日本は世界一の高率なのだ（土葬が禁止されているわけではない）。

ということは、現在我々が思う、

「カロートに骨壺がある石柱のお墓にお参りする」

という伝統は、せいぜい遡《さかのぼ》って百年そこそこ。一般的になるのは戦後だろう。つまり

「先祖代々之墓」といっても、その「代々」はそんなに古くないのだ。だいたい、庶民が「○○家」という名字を公《おおやけ》に名乗るのは明治以降だし。

ここまで見てくると、「先祖代々之墓」に「一緒に入る、入りたくない」で揉めたり、「継ぐ」とか「守る」で頭を悩ますことに、あまり意味はないように思える。だってそれは、そう古くから続く伝統ではないのだ。

＊

戦後、家制度はなくなる。生まれた土地から離れて暮らす人々も増える。「地元のお寺・お坊さん・お墓」と「人」との関係は、どんどん希薄になっていく。当然、檀家を前提にした寺の経営は苦しくなるのだ。地域やお寺の規模によっても異なるが、だいたい三百軒ほどの檀家数が採算ラインだという。なのに地方では過疎化が進み、国全体で高齢化が進んでいく。大変だ。

そこで葬儀社が葬祭一式を取り仕切るようになるのだ（葬儀社は、すでに明治時代、東京に誕生している）。もはや現在、お寺のお坊さんは、セレモニーホールで葬儀社が仕切る葬祭イベントの中の、いち登場人物（重要ではあるが）にすぎない。いつの間にか「告別式」も宗教的儀式の中に取り込まれてしまった。中江兆民はあんなに宗教を嫌っていたのに……。

スライドショーに驚く

少し、個人的なことを書く。

実は今年、私の母が他界した。九十一歳だから、天寿を全《まっと》うしたと言っていいだろう。

セレモニーホールで、簡素な家族葬を行った。祭壇の真ん中にモニターがあり、そこに母の写真や、かつて家族で撮った写真などがBGM・ナレーション付きのスライドショーで出てくるのに、

「最近はこんな風になっているのか！」

と驚いた。葬儀社の方に聞くと、近頃はわりとよくあるとのこと。たしかにこれは、色々と故人のことを思い出しやすい方法だ……と感心した（もちろん、若くして亡くなった方の場合や、思わぬ事故死などの場合は、そぐわないと思うけど）。が、なんだか新しいガジェットの登場に、やや違和感を覚えたのも事実だ。

だが、考えた。祭壇に故人の写真を飾るのは、今では普通だ。何を書いているのかよくわからない位牌（私に学がないせいだが）を眺《なが》めるよりは、写真のほうがよほど故人を思い出せる。でも、祭壇に写真が登場した当初、人々は、

「最近はこんな風になっているのか！」

と驚き、おそらく同じように違和感を覚えたのではないだろうか？（のちに調べてみると、祭壇に遺影写真を飾るのは、大正時代の終わりから昭和のはじめに始まったようだ。思ったより新しい！　当時、葬儀が「葬列」から「祭壇」に移行していったのに合わせ、写真館と葬儀社が考え出して、新しい「伝統ビジネス」となったのだ。その前に「葬儀写真集を作る」という時代があったというから――それはそれで驚きだが――参列者にそれほど違和感はなかったのかもしれない）

「ああ、そうか。写真がない時代には、故人を思う拠《よ》り所として、戒名を書いた位牌が必要だったんだろうな」

と私は思った（信仰心がさして強くない私の理解だから、間違っているのかもしれないが）。

人は誰でも亡くなった方のことを思う。

「いつも心の中に思っていることが大事。心の中で手を合わせて拝めばいい」

と言う。たしかにそうだと思う。けれど人は弱いものだから、思うためや拝むための「目安」というか「目標」があったほうがやりやすいし、忘れない。お墓や仏壇や位牌というのは、そういうものなんだろうと思う。〽そこに私はいません……ではあるけれど。

位牌から写真、写真からスライドショー。このぶんでハイテク化が進んでいくと、そのうち祭壇に３Ｄホログラムで故人の姿が浮かび上がる時代が来るのかもしれないなあ……

などと、ぼんやり思った。

葬儀と初七日《しょなのか》は一緒に行った。遠くに住む親族が短期間で何度も集まるのは大変だから、最近は多くの方々がそうしている。内心、

（ずいぶん都合のいい話だよなあ）

とは思ったが、そのほうが実情に合っているのだから、べつに文句はない。

さらにその後、満中陰《まんちゅういん》（四十九日）はホテルの一室で、実際の日付より少し早めに繰り上げて行った。お坊さんに「早いぶんにはいいんです」と言われ、またもや、

（なんだか色々と都合がいいもんだなあ）

とは思ったが、すぐに、「ああ、それでいいんだ」と納得した。

葬儀に関するしきたり・伝統は、しょせんは人が作ったもの。生きている参加者たちに無理がないように運用すればいいのだ（だって、故人にスケジュールＮＧはないんだから）……と思った。

目に見えないもの

信心・信仰というのは心の中のことだから、目に見えない。なので、さまざまな儀式を

必要とする。ほとんどの人には呪文みたいで意味のわからないお経《きょう》とか、お焼香《しょうこう》の回数とか、四十九日法要とか、納骨《のうこつ》とか、一周忌《き》、三回忌、七回忌……。

一般の人にとって「宗教は儀式に宿る」のだ（おそらく、教団にとっても）。

このへん、伝統も少し似ている。

葬儀に関する儀式も、色々都合よく変えて運用してきた。百年程度前に新しく登場した伝統である「先祖代々之墓」が時代に合わなくなってきたのなら、変えればいい。

最近はビルの中で、ロッカーのように、あるいは貸し金庫のように、たくさんのお墓や納骨スペースが入った室内墓や納骨堂がある。

「そんなのはお墓じゃない」

と思う人は多いだろうが、便利な場所にあるので訪れやすいのはたしかだ。あるいは「インターネットで手軽にお墓参り」というものもある。こっちのほうはもっと手軽だ。自宅にいながらできる。

正直言って、まだまだ違和感は強い。が、心の中で思い続けるための目安や目標、きっかけとしてお墓や位牌や年忌法要があるのだとしたら、インターネットお墓参りとかバーチャルお墓参りなんていうのは、まんざらキワモノというわけでもないのかもしれない（重ねて言うが、さして信仰心の強くない私が思ったことにすぎないが）。

日本ではすでに約四割の墓が無縁墓となっていて、十年後には六割を超すという試算もある。これからの世の中、「先祖代々之墓」が維持できなくなると、墓じまいを考える人も増える。永代供養《えいたいくよう》、離檀料《りだん》……などの言葉も、最近よく目にする。その際、目には見えないご先祖や信仰心や伝統を引き合いに出して、法外な金額を要求するトラブルもあるようだ。そんなの、ご先祖にも伝統にも失礼な話ではないか。

時代に合わなくなった伝統に縛られて、生きている人々が悩まされるのだとしたら、それこそ代々のご先祖様が喜ばないだろう。

＊

お墓には……、

「信仰心」が薄くないか？

「ご先祖」を蔑《ないがし》ろにするな

「家制度」の呪縛《じゅばく》

……という伝統マウンティングがはたらいている。

第四章　「着物警察」はなぜ生まれるのか？

見ず知らずの女性に……

《着物警察》

という言葉をご存知だろうか？

若い女性が着物を着て外出した時、街で見ず知らずの年配の女性にいきなり呼び止められ、袖《そで》を引っ張られ、

「裄《ゆき》が足りてない」

と注意されたり、

「帯締《おびじ》めの位置が低いでしょ」

と指摘されたり、

「帯と着物の色が合ってない」

と言われたり、さらには、

「それポリエステルでしょ？」

とバカにされたり、ひどい時は「勝手に帯を直されたり」もするという。もう一度言うが、見ず知らずの相手に、だ。

さながら交通違反のキップを切る警察官みたいだから、着物警察と呼ばれ、着物で外出する若い女性に怖《こわ》がられている。なかなかうまい造語だと思う。

私はもちろん女性ではないし、若者でもない。もう何年も着物を着ていないが、こんな風に言われたら嫌《いや》だろうな、着ていくのをやめようと思うだろうな、というのはわかる。そりゃ、戦後一貫して着物離れが進んでいるもの、着方を知らないのは当然だ。こうやって、より着物離れが進んでいくんだろうな……と。

だが、そうだろうか？「着物警察」という言葉が生まれるためには、次の二点が必要なのだ。

①着物（和服）で外出する若い女性が、一定数いる。むしろ増えた

まず絶対条件としてはこれだ。そもそも若者が誰も着物を着なければ、チェックされるはずもない。最近増えたから、着物警察の餌食《えじき》になったのだ。

そういえばここ一年くらいずっと、「和」のブーム、「日本見直し」「日本礼賛《らいさん》」ブームが続いている。国を挙げての……という感じもあって少し気味悪いのだが、たしかにある。大きな見方をすれば、この三十年、日本経済・日本社会はずっと低迷して、指向が内向きになっているからだろう。

たとえば夏の花火大会での女性の浴衣姿《ゆかた》は、ここ数年でずいぶん増えた。男性もチラホラいる。あれはコスプレ文化の一面でもあると思うが、以前はあんなにいなかった。

これは日常ではないが、先に触れた「成人式の振袖《ふりそで》」も、以前はあんなにもみんな着なかった。正確な統計はないものの、和服小売り店の感覚としては、「過去に例を見ないほど振袖率が高い」という証言もある。これはコスプレではなく、おそらく制服感覚だ。むしろ洋装のほうが「和を乱す（和服だけに）」「目立つ」「空気が読めない」ことになってしまうので、若者はそれを怖《おそ》れる（就活の時の、あの個性を殺したリクルートスーツと同じだ）。だからみんな振袖を着る。すると、そこにつけ込んだ「はれのひ事件」が起きてしまうのだが……。

少し前から、いわゆる意識高い系の女性は「私は他の人とはちょっと違うのよ」という感覚で、たまに着物を着ることがあった。が、最近はもっとカジュアルに、流行《はや》りに乗って着る女性も増えた。レンタルやリサイクルが増えたのも大きい。最近の若者は、それが「自分のモノであること」「新品であること」に、さしてこだわりがないのだ。着物以外のものでもそうだ。

さらに、なんでもかんでもこれを理由にするのは少し恥ずかしいのだが……「インスタ映《ば》え」もある。たしかに、スマホで簡単に写真が撮れるようになった世の中、珍しい着物姿をすぐにSNSで自慢して共有したい気持ちは、わかる。

こうして若い女性は、慣れないながらも着物を着ることを楽しんで外出する……と、着物警察に遭遇するというわけだ。

②着物の着方をチェックできる知識を持つ年配の女性が、一定数いる

年配といっても、七、八十歳ではないだろう。五、六十歳あたりか。若くても、せいぜい四十代だろう。この人たちはバリバリの戦後世代だ。いわゆる団塊《だんかい》の世代よりずっと若い。みんな、日常的には洋服文化で育ってきた人たちだ。

なのになぜ、着物の知識に詳しいのだろう？

この①と②がともに一定数いる、というか、むしろ増えていることで接触機会が増え、「着物警察」事件がおきているのだ。その理由は、どこにあるのか？

着物市場は大ブームだった！

さきほど、戦後一貫して着物離れが進んだ、と書いた。それはたしかにそうだ。間違いない。だが、それと相反して、実は戦後、着物市場は空前の大ブームを迎えていたのだ。え？　いつだ？　なぜそうなったのか？

時系列を追ってみよう。

まず前提として、戦時中の贅沢《ぜいたく》禁止がある。「七・七禁止令」（昭和十五年の「奢侈品《しゃしひん》等製造販売制限規則」）が出て、きれいな着物は着られなかった。「ぜいたくは敵だ」のスローガンはこの時。国防婦人会が街に出て、おしゃれな服装をした人がいると注意、というか叱責《しっせき》というか、ひどい場合は若い女性の着物の袖をハサミで切ったりもしたという。元祖・着物警察だ。女性の多くはモンペ、あるいはズボンだ。

戦後も、まずは食べていくことが大事。大切にしまっておいた着物は焼けてしまったし、残ったものも食べ物に変わったりした。もちろん戦後は洋装化が進むのだが、このあと意外に着物が頑張る。

昭和三十四年（一九五九）

皇太子ご成婚ブームがおこる。この時、美智子《みちこ》様が着物姿で登場したことで、着物がブームになる。高度経済成長が始まり、世の中がしだいに豊かになり、庶民《しょみん》もそれまで我慢していたおしゃれが楽しめるようになったのだ。

昭和三十九年（一九六四）

東京オリンピック。一見スポーツと着物は関係ないように思える。しかし、表彰式でメダルを運ぶコンパニオンは振袖姿。ここで着物の美しさをアピールしたのだ。オリンピックは国威《こくい》発揚《はつよう》の場であり、日本礼賛の場であることが、よくわかる。

今回（二〇二〇年の東京オリンピック）もまた、そうなっていきつつある。リオデジャネイロ・オリンピックの閉会式で、小池百合子《こいけゆりこ》都知事が着物姿で勇ましく旗を振っていた姿が、その象徴だ。けれど、今度のは盛夏での開催だ。以前みたいな振袖は無理だ。どうするんだろう？

昭和四十三年（一九六八）

明治百年ブーム。ＧＮＰ（当時はＧＤＰではなかった）が、西ドイツを抜いて世界第二位になった年だ。この時、明治礼賛、日本は素晴らしいという風潮になった。ちなみに、第一部でも触れた司馬遼太郎《しばりょうたろう》の『坂の上の雲』は、明治百年記念企画としてこの年、産経新聞で連載が始まったものだ。そりゃ、ああいう内容になる。
いま、明治百五十年（二〇一八）と二度目の東京オリンピックを控え、まさに同じような日本礼賛ブームが演出されているのが、よくわかる。若い女性が着物を着たくなる気分は、こんな風に醸成されていたんだなあ。

昭和四十三〜四十六年（一九六八〜七一）

団塊の世代が続々と成人になる。戦後生まれの世代が、戦後生まれの新しい伝統である成人式を迎えるのだ。新成人の数は、このあたりがピーク。
昭和四十三年（一九六八）　二百三十六万人（うち女性百十七万人）
昭和四十四年（一九六九）　二百四十三万人（うち女性百二十一万人）
昭和四十五年（一九七〇）　二百四十六万人（うち女性百二十三万人）
昭和四十六年（一九七一）　二百十六万人（うち女性百六万人）
……当時の写真を見ると、女性の約半数が振袖だという。毎年、五〜六十万人が振袖を着たのだ。着物業界は空前の好景気を迎えた。
ちなみに、翌年、新成人の数は二百万人を切り、以降順次下がっていく。一時、団塊ジュニアで増えるものの、下降傾向は変わらず、

平成三十年（二〇一八）　百二十三万人（うち女性六十万人）
平成三十一年（二〇一九）　百二十二万人（うち女性五十九万人）
……だ。いま女性はほとんどが振袖を着るので、数としてはピーク時と同じくらい。しかし現在の振袖市場は、（新規購入／レンタル／親や親族から借りる「ママ振《ふり》」）の比率が（２：４：４）だ。昭和四十年代の振袖はほとんどが新規購入だったから、今の三倍くらいの売り上げがあったのではないかと言われている。この時に買われたものが、現在の「ママ振」になっているのだろう。

昭和四十五年（一九七〇）
振袖だけでなく、子供の入学式や卒業式でも、母親が羽織《はおり》を着た。当時「ＰＴＡルック」と呼ばれる。黒絵《くろえ》羽織《ばおり》の生産ピークはこの年で、百二十万点も売れた。うち百十万点が新潟県十日《とおか》町《まち》産。おかげで十日町は日本有数の着物産地となる。

昭和四十五年（一九七〇）
塩月《しおつき》弥栄子《やえこ》の『冠婚葬祭入門』が出版される。これは私が子供の頃だからよく覚えている。カッパ・ブックスだ。団塊の世代がどんどん大人になり、家庭を構え、世間とのつきあいを始めると、とまどうこともある。だが、核家族化《かくかぞく》が進んでいるので、教えてもらう人がそばにいない。なにしろ「家つき、カーつき、ババ抜き」の時代なのだ（懐かしい！）。

そこで、茶道《さどう》の裏千家《うらせんけ》宗家《そうけ》の娘である塩月弥栄子を持ってきた。よく考えると、別に行儀作法の専門家ではないのか。なんとなく子供の頃はそう思っていたのだが……。しかし、なんといっても裏千家だ。説得力はある。

すると大ベストセラーとなった。この本が約三百八十万部。続編や続々編などを合わせるとトータル七百万部といわれる。サブタイトルに「いざというとき恥をかかないために」とある。人々が内心弱いと思っているところへ、スッと答えを差し出してあげたわけだ。出版業とはこういうものだ、という見本みたいなもの。

内容は「1 結婚は、人生でもっとも慶祝すべき盛儀である」から始まって、「390 大晦日《おおみそか》には、年越しそばで延命を願う」まで、ことこまかに三百九十もの項目が並んでいる。中に「115 女性の和服礼装の帯は、丸帯か袋帯である」「116 大島《おおしま》や結城《ゆうき》は、どんなに高価なものでも礼装にはならない」と書かれている。これを読めば、「絶対的なルールなんだ」と思うだろう。そんなことはないのだが。

ところがこの本の中で、最初は「353 目上の人には、はきものは贈らない」というしきたりがあった。これに履物《はきもの》業界が「営業妨害だ！」と怒った。すると、版を重ねた時あっさりと「353目上の人には、はきものを贈ってもよい」と書き直された（だから、おかしな文章になっている）。真逆である。しきたりやルールなんてこんなものという意味で、やはり見本みたいなものだ。

日本のサラリーマン社会では名刺の受け渡しとか、エレベーター内でのふるまいなどのビジネスマナー。あるいは宴会時のビール・お酒のつぎ方のルールなど、少し考えると意味不明なものが多い。あれだって、実はたいしたバックボーンを持っていないケースが多いのではないか？　なにかのキッカケであっさり変わるレベルのものだ。

昭和四十七年（一九七二）

勢いをかって、塩月弥栄子『きものの本』が出る。こっちのサブタイトルは「どう買う、どう選ぶ、どう着こなす」。なにしろ、着物市場は空前のブーム。需要はあるはずだ、という目論見《もくろみ》だろう。この本がどれくらい売れたかはわからない。が、大ベストセラー作家・塩月弥栄子のマナー本だ。注目はされただろう。

この本の中にも、着物に関する注意点が三百九十書かれている。まあ、着物だけで一冊作ろうと思うと、こうなるだろう。しかし、これでは「着物は難しい」と思われてもしかたがない。

昭和五十〜五十六年（一九七五〜八一）

七〇年代にずっと伸びてきた着物市場の売上げは、このあたりで一兆八千億円となる。結果的にここがピークで、以降はずっと下降を続けていく。現在は約二千八百億円。ピーク時の六分の一になってしまった。

縮小する市場の中で

さきほどの、着物に関する時系列の中で、一つ書き落としていたことがあった（わざとだけど）。

昭和四十二年（一九六七）

日本初の着付け教室「長沼《ながぬま》学園きもの着付教室（現・長沼静《しず》きもの学院）」ができる。

時系列の中では、団塊の世代の成人式がピークを迎える直前だ。拡大する着物市場の中で、着付けを知りたい人々の需要があると見てのことだろう。以降、続々と全国に着付け教室ができ、今もたくさんある。実際に需要があったのだ。

こうした多くの着付け教室がはたした役割は色々ある。

生徒さんには、

「着付けの方法を身に付ける（自分で使うことはもちろん、着付け師として収入を得ることもできる）」

というメリットがあった。なにせ着付けには、さまざまな団体、教室が出す民間資格以外に「着付け技能士」という国家資格まであるのだ（しかも、ご丁寧《ていねい》に1級・2級に分かれている）！　ベトナムにはアオザイ着付け技能士、インドにはサリー着付け技能士、イギリス・スコットランドにはキルト着付け技能士なんていう、民族衣装の着付けに関する国家資格があるのだろうか？

そして着物業界的には、

「着物好きなファン層を増やす」

という文化的な意味があった。もっと露骨には、

「教室の生徒に、高価な着物を買ってもらう」

という目論見もあった。

そしてもう一つ、教室に通わない世間の人には、

「着物というものは、教室に通わなければ着られないものなのか」

という印象を与えてしまったのだ。着物好きを増やすとともに、着物を難しいと思う人も増やしてしまう。両刃《もろは》の剣だった。しかし、昭和五十年代以降、市場規模が年々縮小していく業界としては、ここに頼らざるをえない。

一般に、市場規模が減少していく時、企業がとる戦略は次の二つに大別される。

(A)少ない人に、高価な品を買ってもらう

富裕層を相手にした高級化路線だ。車なら、高級外車。食べ物なら、高級料亭や三ツ星レストラン。ファッションなら、有名デザイナーと高級ブランドによるオートクチュール。

(B)たくさんの人に、安価な品を買ってもらう

大衆化路線だ。車なら、軽自動車。食べ物なら、ハンバーガーや牛丼のファストフード。ファッションなら、ZARA、H&M、GAP、UNIQLO……といったファスト・ファッション。

着物業界は(A)をとった。すでに色々な着付け教室で、たくさんの生徒さんを抱えつつあったからだろう。ちょうど割賦《かっぷ》販売(分割払い、クレジット)が一般化しつつあった。教室に通う生徒さんに、着物をクレジットで買ってもらえば無理がない。すると、着物はフォーマルな高級品で、高い正絹《しょうけん》のほうがいい。

「木綿《もめん》やウールじゃねえ……。ポリエステル？　合織（合成繊維）なんてお話にならない」

たしかに絹《きぬ》は素晴らしいのだが、他の素材が駄目というわけではない。お店側に嫌われたのは、安いからだ。つまり「二割の顧客が八割の売り上げを作る」というやり方。

そうして、「伝統的な着物の格」なるものを教える。

一般的には、だいたい次のような格付けとなる。

最高の礼装　黒紋付《くろもんつき》（未既婚問わず）
第一礼装　黒留袖《くろとめそで》（既婚）
　　　　　色留袖《いろとめそで》（未既婚問わず）
第二礼装　訪問着
　　　　　付け下げ
　　　　　色無地
外出着　小紋《こもん》
　　　　紬《つむぎ》

これらは、正直に言ってしまえば、各シチュエーションごとに買ってもらうためだ。だいたい、庶民の暮らしに第一礼装も第二礼装もないではないか。訪問着など、大正四年に三越《みつこし》百貨店が発明したものだ。明治時代は裾模様《すそもよう》が主流だったが、これではテーブル席についた時、まったく見えない。そこで、上半身にも華やかな柄《がら》を求める時代の空気に反応して、三越が提案した。欧米のビジティングドレス（上流階級の昼間の社交着）を直訳したもの。ちなみに、名古屋帯は大正三年に、袋帯は大正七年に発明されたといわれる。諸説あるが、みんな同じ大正時代の開放的なムードが生んだものとして、面白い。だが、どれも「昔からの伝統」ではない。

高級であることを維持し、権威を持たせるために、着物のしきたりやルールはたくさんあったほうがいい。


「この着物を着るのなら、帯はこのクラス以上でなければならない」

「これは結婚式に着ていっていい着物」

「こっちは結婚式に着ていってはいけない着物」

「おはしょりの長さは帯の下から五～七センチ」

……など、こまごまとしたしきたりができていく。そんなもの、もともと決まりはない。

おはしょりの長さなど、身長によって変わる。だいたい、おはしょりは明治の中頃にできたやり方だし。あらたに作ったしきたりだから、着付け教室ごとに教えることが微妙に違う。そこが、人によって「私はこう教わった」「私はこう聞いている」「それは違う」……と揉《も》める原因になる。

実は一九七〇年代の中頃まで、ウールの着物はふだん着としてわりと着られていた。しかし着物業界が高級化に舵《かじ》を切ったので、しだいに消えていってしまった。そしてやがて気がつけば、高級品も普及品も売れない状態に。市場規模は六分の一になってしまった。

もうおわかりだろう。

(A)で育てられた人々→②着物の着方をチェックできる知識を持つ年配の女性、になるのだ。つまり「着物警察」予備軍。

そしていま、世の中の勝ち組は(B)の戦略をとった企業だ。ファッションだけでなく、たいていのジャンルでそうだ。

(B)の価値観で育った若者→①着物初心者として外出する若い女性、となる。

そりゃ、両者はぶつかるわけだ。

着物業界は着付け教室を展開することによって、熱心なファン層を作り出すことに成功した。そこまでは素晴らしい！　ところが皮肉なことに、その熱心なファンたちが着物警察となって、今度は新たなライトユーザーの新規参入をつぶす役割を担ってしまったのだ。

着物と洋服

成人式の振袖とともに、今も若い女性に人気の着物ファッションがもう一つある。女子大生の卒業式ファッションだ。あれは大正時代の女学生・ハイカラさんのスタイルが元になっている。しかし考えてみれば、「矢羽根紋《やばねもん》の銘仙《めいせん》」に「女袴《おんなばかま》」そして足下は「編み上げブーツ」という妙な組み合わせではないか。かつて誰かが、

「こういうのいいんじゃない？」

と始めたのだ。

幕末の坂本龍馬《さかもとりょうま》には、革の短ブーツを履《は》いた有名な写真がある（もちろん、上は袴に着物、刀を差している）。きっと龍馬は、

「西洋のブーツもいいぜよ」

と言ったのだ。

さらにその前の浮世絵《うきよえ》を見ると、帯を前に結んでいる絵もある。実は江戸時代の文化《ぶんか》・文政《ぶんせい》（一八〇四〜三〇）の頃まで、帯の結び目は前だったり、横だったり、自由だった。だんだん帯が幅広になってくると、前に結び目があると邪魔なのだ。

「後ろにすると、きれいな結び目をみんなに見てもらえる」と誰かが言ったのだ（世界のファッション史の中で、後ろにポイントを持ってくるパターンは珍しいという）。

今や後ろに締める「お太鼓《たいこ》結び」は帯の基本みたいになっているが、あれは文化年間、江戸・亀戸天神《かめいどてんじん》の太鼓橋が再建された時にできた。深川の芸者衆が渡り初めに参加する時、太鼓にちなんで後ろに膨《ふく》らんだ形を作ってみた、という。きっと、

「どうよ。こういうのも、いいっしょ？」

と言ったのだ（深川の辰巳《たつみ》芸者は気風《きっぷ》のよさで売っていた。最初に男物の羽織を着たのも彼女たち。なので、多少乱暴なもの言いにしてみた）。

みんなが帯を後ろで結んだり帯締めを使ったりするのは、幕末・明治以降だ。

着物の下着の襦袢《じゅばん》だって、元はポルトガル語の「ジバン」からきている。丈《たけ》の短い胴着みたいなもので、これが半襦袢になった。長襦袢になるのは元禄《げんろく》（一六八八〜一七〇四）の頃。南蛮人《なんばんじん》と出会う前に襦袢はない。

さらにさらに、奈良時代初期まで、着物は左前《ひだりまえ》が正式だった。

……と遡《さかのぼ》っていけばキリがない。より古い事例を探し出してきて「こっちのほうが古い、伝統がある、正しい」と言いたいわけではない。

「その時代々々に着物警察がいたら、怒っていただろうか？」

と考えてみたいのだ。

たぶん怒らない……と思う。理由は、みんな自分勝手に着るのが普通だったからだ。

今、着物＝和服という認識だ。それは当然、洋服に対応する言葉として明治になってできた。だからそれ以前は、着物＝みんなが身に付けるもの、つまり単に「着るもの」だ。

現在の日本人にとって、ふだん着るものは洋服だ。洋服には色々なファッションの流行り廃《すた》りがある。たとえば「ダメージ・ジーンズ」。ボロボロの穴あきが「カッコいい」とされる。あるいは「腰パン」、「キャミソール」……。それぞれ、登場した時には色々な反応があった。

「破れてるの？　ビンボーくさい」

「だらしない。不良じゃあるまいし」

「それって、下着じゃないの？」

もちろん珍しくてビックリしたり、好き嫌いはある。しかし「洋服警察」が「それは間違っている。正しくはコレ」とは言わない。思ってはいるかもしれないが、

「あれは一時の流行り。ファッションなんだから、人それぞれ。好きにやらせとけばいい。私はやらないけどね（でも、ちょっと興味はあるけど）」

……なんていう反応が普通だろう。

日本人にとって、着物（和服）が着物（みんなが着るもの）だった頃は、そういう反応だったのだ。明治大正時代の庶民の着物姿の写真を見ると、けっこうみんな崩して着ている。今みたいにカッチリしていないし、人それぞれだ。女性は半襟の出し方も帯の高さも違う。いつも着ているんだから、楽にするための知恵がはたらく。そりゃそうだ。

しかし戦後、ファッションの主流は洋服になった。和服＝着物はしだいにマイナーな衣装になる。するとやがて、非主流派ではあるが「価値がわかる人にはわかる」という位置付けになっていくのだ。

着物に限らない。どんなジャンルでも、メインストリームからはずれたものはしだいにそういう立ち位置になる。追いやられていつの間にかその場所にたどり着くケースもあれば、自ら進んでその場所を目指すケースもある。とりあえずの安住の地だ。

せっかくその場所に立ちながら、やがて消えていくものも多い。「マイナー」「マニアック」「風変り」「通好《つう》み」「異端」などと呼ばれて生き残ることもある。もっともうまくいった場合は「伝統」と呼ばれ、尊敬される。

いま着物は、「日本の伝統衣装」としてその位置にあるのだ。（A）で育てられた②の方たちは、その支持者でありファンだ。だから彼女らは「先に価値がわかった人」として、後輩には何かひとこと言いたい、伝えたい。アドバイスしたい。後輩が間違っていれば正してあげたい。よかれと思って。

かくして「着物警察」が誕生する。

いや、ここで彼女たちを責める気はないのだ（やっかいだとは思うけど）。たまたま着物だから「着物警察」になったにすぎない。他にも「〇〇警察」なるものが生まれる可能性はあるのだ。

試みに「〇〇」の部分に、他の言葉を入れてみよう。「文楽《ぶんらく》警察」「歌舞伎《かぶき》警察」「日本舞踊警察」「落語警察」「茶道警察」「蕎麦《そば》警察」……どれもなんとなく、それっぽい人たちが浮かんでくるではないか？

＊

「着物警察」には……、

「日本の美の理解者」としての知識量

「文化の伝承」を行う使命感

「女の先輩」から若き小娘へ

……という伝統マウンティングがはたらいている。

第五章　「伝統マウンティング」の構図

「伝統」の逆ピフミッド構造

こうしていくつかの事例を見てくると、大相撲《おおずもう》、お墓・葬儀、着物……とジャンルは違えど、共通する構図があることに気づくだろう。他の「伝統的」とされるものも、みんな似たような構図を持っている。お茶、お花、踊りなどの家元制度はもちろん、師匠・弟子の関係で受け継ぐものなど。違うのは、それぞれの分野ごとにある個別のしきたりや決まりごとができた経緯と時代くらいだ。それらを一つ一つあげていって、

「これは明治に始まったから伝統とは呼べない」

「これはたかだか戦後生まれ」

などと指摘していけば、雑学・蘊蓄《うんちく》好きは楽しいし、ちょっと偉そうな気分になれるし、知らない人に自慢もできる（原稿の分量がかせげて作家的にも助かる）。が、どうもそういうことでもない気がする。

マウンティングは、マウント（山）と親戚みたいな言葉だから、山型のピラミッド構造を連想する人は多いだろう。ピラミッド組織の上位者が、下位者に対して序列を確認・強要する行為だ……と。そうだろうか？

第二部の最初に、《「過去に遡《さかのぼ》る長い年月とそれにかかわった先人たち」という大きな枠組みを背負って序列を確認・強要しているのが「伝統マウンティング」だ》と書いた。その構図を表すと、次のようになる。

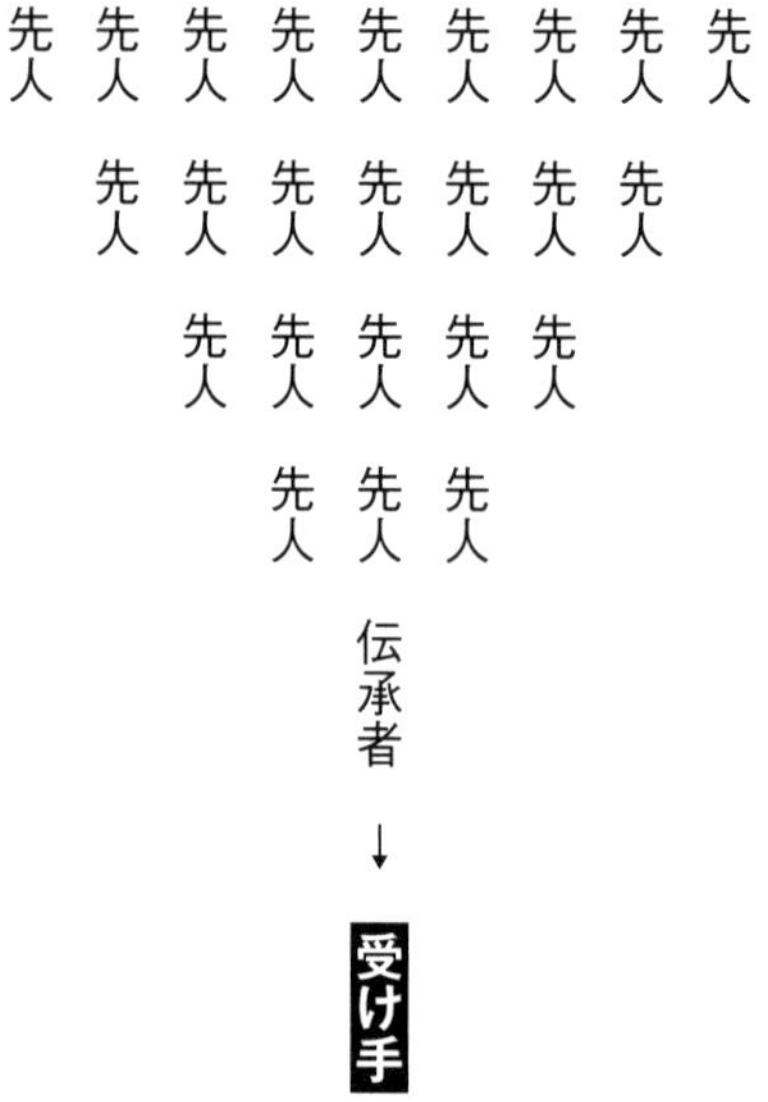

逆ピラミッドだ。

この「先人」の所に「先輩」を入れてもいいし、「上司」を入れてもいい。この場合あなた（読者）は、**受け手**と考えてほしい。専門家や先輩、師匠、上司などの「伝承者」から、

「これが伝統です」

「日本人ならこうすべきなんです」

と伝えられた時、

「ちょっと不合理な気もするけど、そういうものなのか？」

「今どき、それに意味ある？」

と思っても反論しづらいのは、相手の背後にこの大きな逆ピラミッドがあるからだ。一見、一対一で対応しているように見えて、実は相手はこんなに大きな後《うし》ろ盾《だて》を持っていたのだ。伝統の歴史が古ければ古いほど疑問を挟みにくくなるのは、「先人」の階層がどんどん増えて広がり、逆ピラミッドがもっと大きくなるからだ。

この「先人」を「ご先祖」に入れ替えたケースが、お墓・葬儀だ。なにせ相手はすべてこの世にいない。

「この人（伝承者）はそう言ってますが、本当にそうですか？」

と確認することができないのだ。ずるい。

だが、これはあなた（読者）が受け手だからだ。もし**伝承者**だったら、どうだろう？

部活あるある

たとえば、学校の運動部の部活。新入りはたいてい、先輩のしごきにあう。

「グラウンド百周だ！」「腕立て伏せ三百回！」

など、体力的に無茶なことを言っているケースも多い。合理的に考えると、あまり意味のなさそうなものもある。

「これがウチの部の伝統だ。みんなやってきたんだ！」

下級生は先輩に逆らえないので、しかたなくやる。体力作りが半分、あと半分は精神論や根性論であることはわかる。だから、それが全部できなくてもいいということもわかる。できないことが織り込み済みの課題なのだ。いやむしろ、できてしまってはいけない。

「言われたことが全部できなかった」という事実で、新入りは先輩より劣《おと》った存在だという関係性を構築したいのだ。つまりこれは、マウンティングだ。

やらされながら、新入りたちは、

「俺たちが上級生になったら、こんな意味のないことはやめような」

なんて言いあり。

しかしいざ自分が上級生になると、たいてい後輩に、

「これがウチの部の伝統だ！」

と、それをやらせているのだ。体育会系の部活あるあるだ。

今度は、あなた（読者）が**伝承者**の位置にいる。

先輩
先輩　先輩
先輩　先輩　先輩
先輩　先輩　先輩　先輩
先輩　先輩　先輩　先輩　**伝承者**　→　受け手
先輩　先輩　先輩　先輩
先輩　先輩　先輩
先輩　先輩
先輩

意味がないと思っていても、理不尽《りふじん》だとわかっていても、「これが伝統だ」と言えば下級生を従わせることができる。なにしろ自分の背後には先輩逆ピラミッドが控えているのだ。たまに能力の高い新入りがいることもあるが、これなら怖《こわ》くない。

こういう構造は部活だけでなく、企業でもある。スパルタ式の新人研修などがそうだ。「社風」という名の「会社の伝統」をまとっていても、その実は「伝統マウンティング」だ。組織ではない師弟関係でも、ある。一見、師匠——弟子の一対一の関係に見えて、実は師匠は背後に大師匠の逆ピラミッドを背負っているのだ。

この伝統が好きである、大切である、必要である、（やや宗教めくが）信じている……という人の「伝統マウンティング」は、時に鬱陶《うっとう》しいが、まあ、ほほえましくはある。一方で、この伝統は別に好きでも嫌いでもないが、これを持ち出せば言うことをきかせることができるから……という人の「伝統マウンティング」もあるのだ。こっちにはほほえましい要素はなく、たんに鬱陶しいだけだ。

こうなると、「伝統」はツールであるにすぎない。「伝統」維持のための「マウンティング」ではなく、「マウンティング」維持のための「伝統」。いわば、方便としての伝統だ。たしかに、そういう利用例もある。なにか大きな構図を構築・維持するための便利ツールとして伝統を使っているのだから、いわば〝伝統機関説〟だ（どうか、国会で排撃されませんように）。

方便としての伝統

どんなジャンルでも、「伝統を大切に思い、それを周囲に伝える人」は次の四つのパターンに分けられる。

横軸に、その人の「伝統への入れ込み具合」を取った。右に行くほど「好き、大切に思っている、伝えたい」の度合いが強い。左は「さほど好きでもない」と書いてはいるが、もちろん「嫌い」というわけではない。周囲が思うほど、強いこだわりはないということだ。

縦軸は、自由度。下に行くほど「伝統に従え、変えてはいけない」と強制の圧力が強くなる。上に行くほど、「そうではあるけど、判断はあなたの自由だ」ということ。

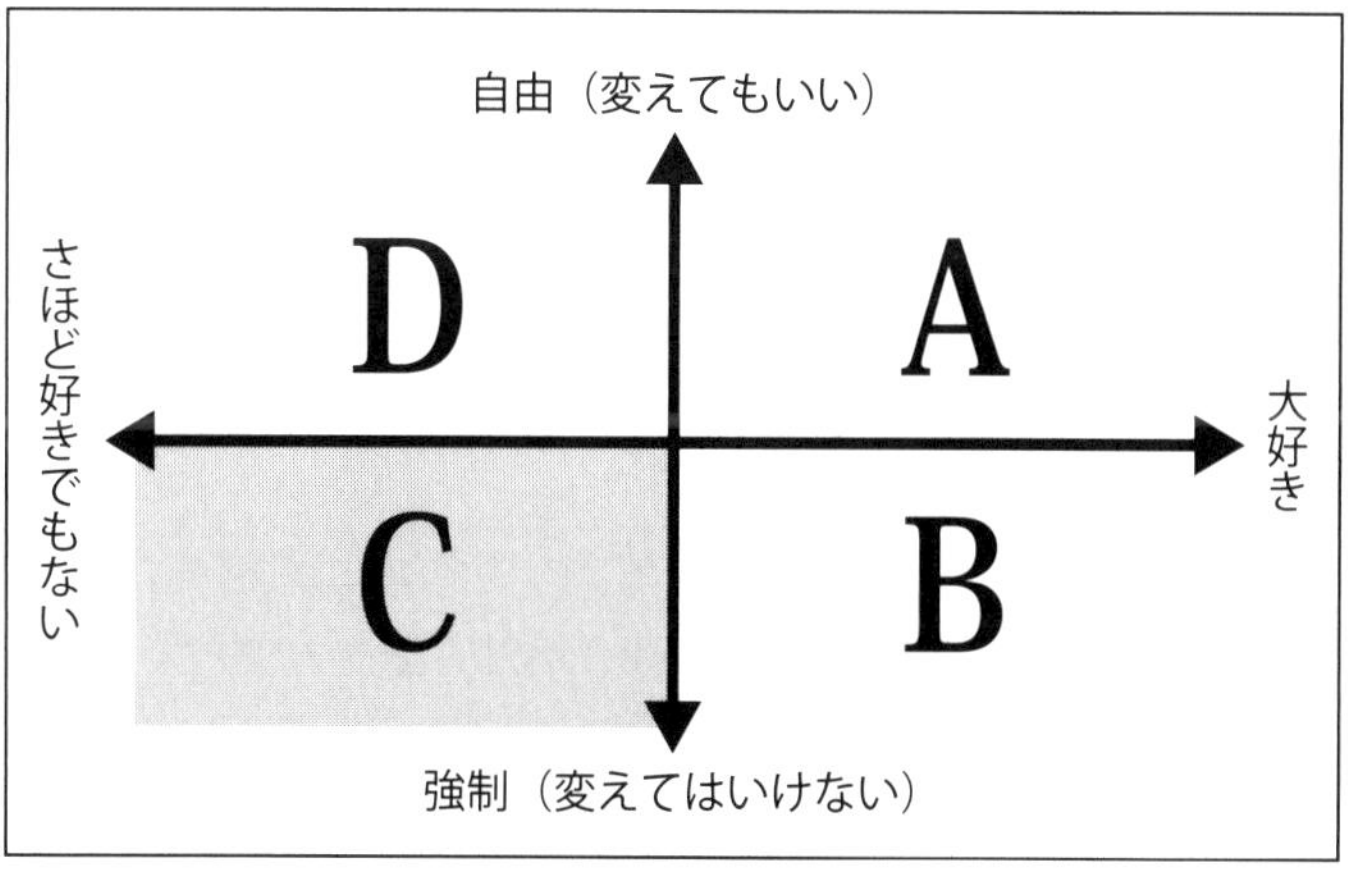

〈伝統愛好パターンの四分類〉

A／この伝統が好きで、とても大切だと思っている。なくしたくない、次の世代に伝えたい。あなたにも好きになってもらいたい。……**けれど、あなたがどう判断するかは自由だ、というタイプ。**

B／この伝統が好きで、とても大切だと思っている。なくしたくない、次の世代に伝えたい。あなたにも好きになってもらいたい。……**だから、あなたもこの伝統に従うべきだ、というタイプ。**

C／この伝統が好きで、とても大切だと思っている。なくしたくない、次の世代に伝えたい、と表向きは表明しているが、本心はそれほどでもない。……**けれど、あなたもこの伝統に従うべきだ、というタイプ。**

D／この伝統が好きで、とても大切だと思っている。なくしたくない、次の世代に伝えたい、と表向きは表明しているが、本心はそれほどでもない。……**だから、あなたがどう判断するかは自由だ、というタイプ。**

Aは、純粋な伝統好き。その道のプロとか通と呼ばれる人たちだ。面白いことに、ジャンルを極めたプロほど「基本さえわかってくれれば、あとは自由でいい」という人が多い。周囲にいる関心がない人にアピールはするが、強要はしない。Dはライトユーザー。

BとCは、伝統マウンティング派だ。Bは熱狂的で、Aと違うのは「変えてはいけない」と伝統原理主義的になり、周囲にも強制したがる。やや信心みたいになってくる。まわりにいるとやっかいで面倒な存在だが、本人は「よかれと思って」いるので悪気はない（だから、やっかいで面倒なのだが）。

タチが悪いのがC。実はそれほどその伝統へのリスペクトはないが、これを持ち出せば相手は反対しづらいので、方便として伝統を持ち上げている。第一部の「伝統ビジネス」でこういうケースもある。「伝統文化」や「伝統芸能」などなら、それでもいいと思う（やっかいで、面倒なのは同じだが）。しかしこれが、「社会制度」などの大きな枠組みや個人の心の内面にまでかかわってきて、

「日本古来の伝統」……を変えるな。

「日本人は昔からそうやってきた」……のだから従え。

「伝統的な文化・しきたり」……を絶やすな、守れ。

となると、やっかいとか面倒の域《いき》を越えてしまう。

なぜ変えられないか？～上からの抵抗

こんな風に近視眼的に、あるいは自分に都合がいい面だけを見て、「変えるな、従え、

絶やすな、守れ」という人たちに対し、いつの時代も「変えたほうがいいんじゃないか」という変革者は現れる。もちろん、それに抵抗する人たちがいる。もうこの世にいない先人たちは何も言わないが、変革者のすぐ上位にいる先輩たちが、待ったをかけるのだ。「俺の目の黒いうちは変えさせせん」というアレだ。

先人
先人　先人
先人　先人　先輩
先人　先人　先輩　先輩
先人　先人　先輩　先輩
↓
変革者
先人　先人　先輩　先輩
先人　先人　先輩
先人　先人
先人

その気持ちは、まあわかる。自分たちが信じ、守ってきたナニカが否定されたように感じ、それは自分という人間を否定されたようにも思うのだろう（そういうことではないのだが）。場合によっては、自分たちの地位が脅かされることになるかもしれない（そういうことは、あるかもしれない）。

そこで、背負った先人たちの逆ピラミッドを使い、いかに変えてはいけないかを力説し、変えることによる危険性を訴え、圧力をかける。言い方は悪いが、既得権益《きとくけんえき》と権威の維持と保護だ。

日本の組織（とくに官僚機構）はこれが多い。前例踏襲で、変わらないことが第一の目標。「なにもしないことのためにはなんでもする」という、なんだか不思議な労力を厭《いと》わない。これは一見現状維持だが、言い方を変えれば、ゆるやかな衰弱だ。ひょっとしたら、これこそが日本の伝統なのかもしれないが。

ところが、抵抗勢力はそこだけでなく、意外な所からも現れるのだ。

なぜ変えられないか？～下からの抵抗

さっき、「伝統を大切に思い、それを周囲に伝える人」の四パターンで、Bの人たちについて、「変えてはいけない」と伝統原理主義的になり、周囲にも強制したがる。やや信心みたいになってくる――と書いた。Dのライトユーザーに対し、ヘビーユーザーだ。その伝統を愛する一番の応援団といえる。この人たちは、変革に難色を示すのだ。

これは伝統文化、伝統芸能の分野だとわかりやすい。もっとも熱心なファンほど、自分たちが応援するモノやヒトの変化を嫌《いや》がる。変わってほしくない、ずっと今のままがいい。我々は、いま目の前にある伝統に価値を感じているのだから……と。

ライトユーザーを「ファン」、ヘビーユーザーを「信奉者」と分けると、こうなる。

変革者

↑

信奉者　信奉者　信奉者

信奉者　信奉者　信奉者　信奉者　信奉者

ファン　ファン　ファン　ファン　ファン　ファン　ファン

ファン　ファン　ファン　ファン　ファン　ファン　ファン　ファン　ファン

伝統を変えようとする人は、それを受け継ぐべき次世代に抵抗されるという、まさかの事態に遭遇するのだ。当然のことながら、信奉者は「よかれと思って」やっているので悪気はない。前章で述べた「着物警察」が、その代表例だろう。

伝統を信奉するあまり、変わることで生き延びようとする伝統にブレーキをかけ、かえって衰弱の手伝いをしてしまうことがある。いわゆる「贔屓《ひいき》の引き倒し」という状態だ。これは、多くの伝統ジャンルでおきる。

伝統サンドイッチ

かくして伝統は、上と下からの「変えてはいけない」圧力に挟まれて、身動きがとれなくなってしまうのだ。上下からのピラミッドによる伝統サンドイッチだ。

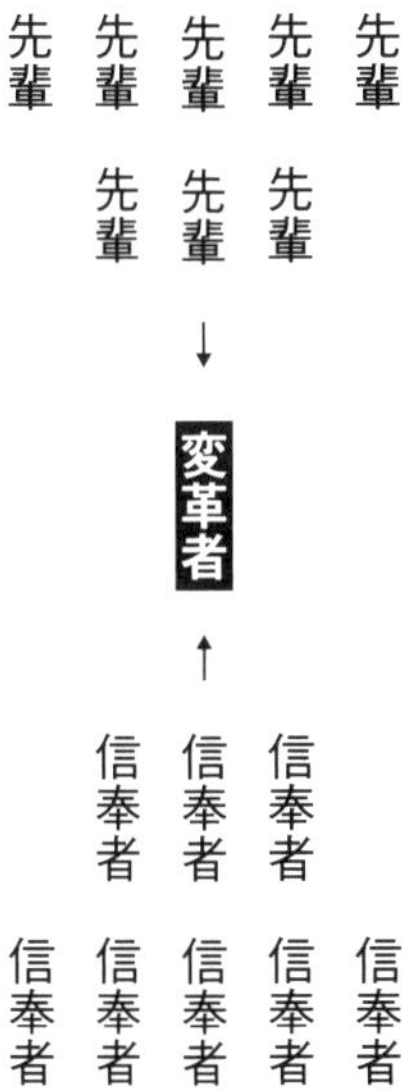

だがそれでも、伝統は時代に合わせ少しずつ変わっていく。百年もたてばけっこう大きく変わっていることは、この本の各所に書かれた事例を見れば納得するだろう。なぜ変わったのだろうか？

社会が大きく変化する時、マウンティングで圧力をかけてくる上位の人たちが入れ替わるからだ。近代では、「明治維新《いしん》」と「敗戦」がそのもっとも大きな区切りであることは、誰でもわかる。大きくは国の権力者の交代だが、これに合わせて大小さまざまなジャンルでも、それまで主流だった人々が他の人々と入れ替わる。この時、上からの圧力がなくなり、伝統は変更される。あるいは、あらたに創られる。

その二つほど大きくなくても、世の中の風向きが変わる時期というのはある。たとえばバブル景気の頃と、その後の停滞した失われた三十年間とでは、世の中の価値観が違う。「ショック・ドクトリン」というのは、戦争や災害、テロなどの大惨事《さんじ》で人々が呆然《ぼうぜん》としているのに便乗して世の中を変えようという動きのこと。「惨事便乗型資本主義」と訳されるので、狭義では経済のことだが、それだけではない。私たちは、近い所で、二〇一一の東日本大震災以降、世間の風潮が変わったのを憶《おぼ》えている。

こういった大小さまざまな時代の変化ポイントで、上からの「変えてはいけない圧力」

が減る、あるいは消える時があるのだ。

　なるほど、上からの圧力の変化はそれでわかった。では、下からはどうなのだ？　熱心な信奉者たちはずっと変わらないのではないか？　いや実は、これがコロッと変わるのだ。なにかを熱心に支持し、信奉する人たちは、世の中の流れが変わると、掌《てのひら》を返したようにアッサリ変わる。前にも述べたように、《日本人は新しいもの好きでミーハー》なのだ。ただし熱心さは変わらない。ただその方向が変わるだけ。「鬼畜米英《きちくべいえい》」から「アメリカ一辺倒《いっぺんとう》」に変わった早さは、誰もが指摘するところだろう。さまざまなジャンルでも、それは同様。

　実はこれは、「変えるな！」でも「変われ！」でも同じなのだ。「存続させろ！」でも「廃止しろ！」でも同じ。「〇〇は素晴らしい！」でも「〇〇なんてダメ！」でも同じ。〇〇の所に明治維新、民営化、グローバリズム、アメリカ、日本……などを入れてみればわかる。結局は、「上からの圧力がきている」という安心感というかお墨付《すみつ》きを担保に、「下からの圧力」が呼応している。だから、世の中が変わると、潮が引くようにスーッと消えてしまうのだ。

　変わり身が早いというか、節操《せっそう》がないというか……。これが日本人の伝統なのだろう。どこか他の国、いや他の星の生物みたいな立場でそれを嗤《わら》っていられれば気が楽なのだが、この性向は現在まで地続きになっている。そして、私の中にも続いて流れている。

やや長いあとがき

「思い出」と「伝統リテラシー」

日本の伝統について書いているうちに、私の心の中にフッと浮かんでくる出来事がいくつかありました。多くが、子供の頃のことです。思い出すまま、この本の最後にそれを並べてみます。

「お前の個人的な思い出語りなど、なんの意味がある？」

というお気持ちは、もちろんわかります。けれどこれは、本書のテーマとやや関係があります。いやひょっとしたら、実はこうしたエピソードの中から、「伝統ってなんだろう？」という疑問の、答えのようなものが浮かび上がってくるかもしれない……と、少しムシのいい期待をしつつ、思い出しながら、気がついたことを書いてみます。

「豆まきイン・ザ・ダーク」で気がついたこと

節分《せつぶん》の豆まきは、古くから日本中で行われていました。私がまだ小さい子供の頃も、もちろんやりました。ちなみに、当時（昭和四十年前後）、大阪の船場《せんば》ではない我が家に「恵《え》方巻《ほうまき》」なるものは影も形もありません。おそらく全国的にも。

節分の夜。子供だった私は「鬼はーそと！」「福はーうち！」と、家の中で豆をまきました。実家は田舎《いなか》の古い家でしたが、昔は家族経営の小旅館をやっていたらしく部屋数は多いので、玄関から外へ、裏口へ、なぜか二階に向かって……。子供のやることですから、親は面白がって、いろんな所に投げさせます。たぶん内心では（やれやれ、あとで掃除するのが大変だ）と思っていたでしょうが。

ここまでは、当時も今も、小さい子供がいる家庭ではよくあることでしょう。我が家では、そのあとに、ちょっとした「お楽しみ」がありました。

その夜はあらかじめ、母が座敷をきれいに掃除しています。居間の隣の、家具・調度はあまり置いていない部屋です。座卓などは片付けて、なにもない六畳の空間を作ります。そこに私と、姉、たぶん母もつきあってくれたと思います。

襖《ふすま》をあけると、隣の居間。和風建築はそういう作りです。そこに父が、豆やお菓子（個包装の飴《あめ》や、チョコ、落花生《らっかせい》など）が入った枡《ます》を持って立ちます。

「始めるぞ」

そこで部屋の明かりを消します。そして私たちに向かって、豆やお菓子を、

「鬼はーそと！」「福はーうち！」

と投げるのです。今も大きなお寺や神社では、境内《けいだい》で節分の豆まき儀式がありますが、ちょうどあれの屋内ミニチュア版ですね。ただし、真っ暗。私たち子供はキャーキャー言いながら、それを受け止めます。全部まき終わると、「それっ！」とみんなでいっせいに畳の上に散った豆やお菓子を手探りで拾い合います。なぜか、さっきまで投げ役だった父も一緒に。

「はい、そこまで！」

頃合いをみて明かりを点《つ》ける。すると、それぞれが両手とか上着の前部分を袋にして、拾い集めたお菓子があります。

「あ、そんなに！」

「ぼくはこれしかない！」

「お、まだそっちに残ってるぞ」

明るくなった部屋のあちこちに残るお菓子を、さらにキャーキャー奪い合って拾う。そうやって得たぶんがそれぞれのおやつになるというルールの、遊びでした。

いまこうやって書いていて、たかだか六畳間で……とも思うのですが、小さな子供にとっては大きな空間だったのでしょう。

これが我が家の節分の豆まき儀式。「暗闇豆《くらやみ》まき」というか、今風に言うなら「豆まきイン・ザ・ダーク」。もちろん、私たちが少し大きくなると、そんなことはやらなくなりました。でも、子供時代の、ちょっと変わった楽しい思い出として記憶に残っています。

おそらく父が、小さな子供たちを楽しませようと始めた我が家独自の風習なんだろう……とずっと思っていました。が、いまWebで検索してみると、同じような経験を持つ方をチラホラ見受けます。してみるとあれは、我が家のオリジナルというわけではなかったのか。当時、流行《はや》っていたのでしょうか？　それとも昔から、そういう風習みたいなものがあったのでしょうか？

＊

節分の豆まきの元になったのは、大晦日《おおみそか》の「追儺《ついな》の儀式」です。平安時代の宮中で、鬼を追い払うために「方相氏《ほうそうし》」という役がありました。これは「金色の目玉を四つつけたお面をかぶり、黒衣に朱《しゅ》の裳《も》をつけて、手に矛《ほこ》と盾《たて》を持つ」という異形《いぎょう》。この異形をもってして、（目に見えない）疫鬼《えきき》を追い払うわけです。

ところがしだいに、その異形のほうが追われる側になってしまうという逆転現象がおこります。だって、姿が目に見えるし、どう見てもこっちのほうが「鬼っぽい」ですからね。平安時代の書物にも出てきます。

それをルーツにしたのが、「鬼はそと！」「福はうち！」の節分行事。大晦日でなく節分に行うようになったのは、だいぶ時代が下って室町時代の応永《おうえい》年間（一三九四～一四二八）のようです。

いま、方相氏が登場する追儺の儀式をやっている神社は、全国にいくつかあります。京都では、吉田《よしだ》神社の「追儺式」が有名です。平安神宮には「大儺之儀《だいなのぎ》」というものがあります。この他の神社も、どこもたいてい「古式《こしき》に則《のっと》って厳修に伝承・継承されている」とか、「古式のままに行われる」と言っています。けれど実は、ほぼ大正から昭和の初めに再興されたもの（だいたい平安神宮は明治の創建ですから、もともとそこに「古式」はないし……）。これぞ、「京都」マジックです。

大相撲《おおずもう》の章でも述べましたが、国としての高揚感が神道《しんとう》と強くつながっていく、あの時代です。その頃、「古式」を強調した「和の伝統」が次々と復活していく流行というか気運があったわけです。

なにしろ追儺は、いい大人がおかしな恰好《かっこう》をして、大声を出しながら練り歩くのです。平安の頃から、幼い子供にとって面白い行事だったようです。方相氏が鬼になっても、時期が節分になっても、それは同じ。いま吉田神社で行われている追儺式だって、厳格に「古式に則って」いたら鬼はいないはずですが、いますからね（しかも赤・青・黄の三匹も！）。でも、そのほうがわかりやすく、面白い。

私が子供の時に経験したお楽しみ行事だって似たようなものではないでしょうか。あれが「日本の伝統」になる可能性だってあるのでは？

大正時代に各神社の追儺式をどんどん再興した知恵袋は、どうやら歴史学者で風俗考証家の江馬務《えまつとむ》だったようです。江馬先生が、

「暗闇豆まきで、子供たちがお菓子を拾い集めるのが古式」

と言えば、たぶんそうなっていたでしょう。

あるいは、なぜか私が将軍宣下《せんげ》を受けて幕府を開き、

「今後、節分には暗闇豆まきを行うことにする！」

と宣言すればいい。なにしろ将軍家の行事ですから、しだいに臣下、国民もまねて行うようになる。すると、数百年後の「節分の豆まき」の解説文には、

《平安時代の追儺の儀式が、室町時代に節分の豆まきとなり、昭和の終わりから平成にかけて暗闇で行われるようになった》

と書かれるでしょう。

むろん荒唐無稽《こうとうむけい》な妄想《もうそう》だとわかっています。けれど、「面白いから始めたこと」がいつのまにか「古式に則った伝統行事」になるケースもある、ということです。

「謎のゴンゴチー」で気がついたこと

大人は子供を不安がらせ、からかって楽しみます。

「お前はあの橋の下で拾われた子」

というのは定番で、全国どこの地域でもありました。なんで橋の下なんでしょう？

「悪い子にしてると、人さらいに連れていかれる」

「悪い子にしてると、サーカスに連れていかれる」

というのも、かつてありました。もっとも、すでに私が子供の頃には、都市伝説的な半ばギャグみたいなものになっていました。いま考えるとサーカス団の方に失礼な話です。

この二つはまだしも「悪い子にしてると……」という躾《しつけ》としての意味がありますが、「橋の下で拾われた」というのには、そういうのがない。あれは一体なんのために言っていたのでしょう？

「悪い子にしてると、オバケが出るぞ（来るぞ）」

これは昔も、今もあります。シンプルでわかりやすく、躾としての意味もあります。もちろん私も、子供の頃、言われました。

これと似ている表現で、

「ゴンゴチーが出るぞ（来るぞ）」

というのがありました。ゴンゴチーというのがなんだかは知りません。ただ、大人がいかにも怖《こわ》そうな言い方で言い、その音の不思議な響きと少しばかりの滑稽味《こっけいみ》から、（なにかオバケの類《たぐい》なんだろうな）と思っていました。子供を怖がらせるには音の響きだけで十分なわけで、ゴンゴチーだろうとモシャモシャーだろうと、なんだっていい。秋田のなまはげは、実体も伴ったその一種でしょう（来訪神《らいほうしん》ではありますが）。

ゴンゴチーというのは、我が家だけでなく、私が育った山口県の西部ではわりと広く使われた子供へのおどし文句でした。とはいっても、当時も半ば廃《すた》れていたと思います。私もごく小さい頃に言われていましたが、少し成長するとすっかり忘れていました。

思い出したのは、高校生の時。地理の先生が授業中の雑談で、

「昔、元寇《げんこう》の時、山口県西部に攻めて来た蒙古《もうこ》軍の、敵の大将がゴンゴーという名前だった。このあたりで、昔から子供をおどかす時、『ゴンゴチーが来るぞ』と言うのは、それに由来しているという説がある」

と話した時です。

「あ、そういえば小さい頃に聞いた言葉だ！」

と思い出し、

「マジか、元寇の頃から？」

と驚きました。鎌倉時代の元寇は、
文永《ぶんえい》の役（文永十一年・一二七四）

弘安《こうあん》の役（弘安四年・一二八一）

……の二回。

「七百年も昔の出来事が、ぼくが子供の頃につながっているのか？」

驚くとともに、ちょっと嬉《うれ》しくなりました。歴史は自分とは無関係な昔の出来事ではなく、連綿《れんめん》と現代に続いて、場合によっては今の自分につながっているのか！と。

元寇は北部九州（福岡県・佐賀県）を襲ったというイメージでしたが、地図を見ると山口県西部に攻めてきても、ちっとも不思議ではありません。

その後私は、成人してから、ずっと関東で暮らしています。子供ができた時、このことを思い出し、

「悪い子にしてると、ゴンゴチーが来るぞォ」

とおどかしてみることにしました。もちろん、子供はそれがなんだかは知りません。け

れど私は、七百年も続いてきた、いわば「伝統的な子供のおどかし方」が消えてしまうのは、なんだかもったいない気がして、それを次の世代に伝えたいと思ったからです。

どうせ子供は、大人になればそんなこと忘れてしまうでしょう。しかし、なにかのキッカケに思い出し、「え！　そんな大昔の歴史が自分につながっているのか」と驚いてもらいたい（私のように）。さらにそれが次の世代に伝わっていくことが「伝統」ではないか、と。

＊

いま調べてみるとたしかに「弘安の役」の時は、一部が長門国《ながと》（現・山口県西部）にも現れています。鎌倉時代後期の、勘解由小路《かでのこうじ》兼仲《かねなか》（広橋《ひろはし》兼仲）による『勘仲記《かんちゅうき》』には、「六月十四日　異賊の舟三百艘《そう》が長門浦に着いたということだ」とあります。

実は一回目の「文永の役」の翌年（建治《けんじ》元年・一二七五）、元《げん》から杜世忠《とせいちゅう》という正使の一行が長門国の室津《むろつ》港に到着しています。そこから九州の大宰府《だざいふ》へ、そして幕府のある鎌倉へ送られたのですが、なんと鎌倉・龍ノ口《たつのくち》で執権《しっけん》・北条時宗《ほうじょうときむね》に処刑されてしまいました。

一国の外交正使を殺すなどとんでもないこと。そりゃ、仕返しされると思うのが当然。幕府は大慌《あわ》てで長門探題《たんだい》（最前線防衛機関）を設けています。

ですから、二度目の「弘安の役」の時に三百もの船が現れたら、数年前に元からの使節が船でやってきた記憶が残る地元としては、恐怖だったでしょう。しかし、その時の敵の大将の名前が何だったか……なんてことはよくわかりません。弘安の役の東路軍には忻都《ヒンドゥ》、洪茶丘《ホンタグ》、金方慶《キムバンギョン》といった指揮官がいたようですが、どう訛《なま》っても「ゴンゴー」とはなりそうもない。だいたい、上陸したのか、戦闘があったのかすら、ハッキリわかっていないのですから。

なんだ、そうか。では「ゴンゴチー＝元寇の敵将ゴンゴー」説というのは、どこから出たのでしょうか？

どうやら、地元の郷土史家が「こうかもしれない」と推測したことが、（よくできた説で面白いから）裏付け資料もないまま孫引きされ、広がっていった——ということのようです。

そもそも「ゴンゴ」「ゴンゴジ」「ガゴジ」……などは、お化《ば》けや妖怪《ようかい》のこととして西日本各地には古くからある言葉です。現在も、岡山県津山《つやま》市には「ごんご祭り」というものがあります。いくらなんでも元寇は、岡山までやってきてはいないでしょう（だとしたら、日本は半ば占領されています）。ここでの「ごんご」は、河童《かっぱ》のことだとか。

飛鳥《あすか》時代、奈良県の元興寺《がんごうじ》に現れた鬼が起源で「ガゴジ」「ガンゴジ」という言葉になって各地に広まったという説もあって、もはやなんだかわかりません（この伝でいけば、怪獣ゴジラの起源すら元興寺にたどり着きそうです）。

古さとしては元興寺のほうが圧倒的に古いのですが、こっちは鬼や河童という架空の生物。昔話ですから、リアリティとしては弱い。一方、元寇の敵大将という実在の人物（名前はわかりませんが、大将にあたる人物は実在したはずです）だと、起源として説得力があります。なにしろ、歴史的事実ですから。

ひょっとしたら、両方の話がくっついてできた説かもしれません。が、「多少信憑性《しんぴょうせい》はあやしくても、よくできた話だからいいじゃないか」という無責任な感覚で、悪気なく「次代に伝えたい」と思ってしまう（かつての地元の高校の先生がそうだったでしょうし、私もそうでした）。

そういうふうに、「悪意なく広まったもの」が、やがてまことしやかな「伝統」になってしまうケースもありそうです。

「盛り塩」で気がついたこと

これは、大人になってからの話です。

私は数年前から、落語家の柳家花緑《やなぎやかろく》さんに落語を書いています。花緑さんは、人間国宝の五代目・柳家小さんの孫にして弟子。いわゆる「古典落語」だけでなく新作も意欲的に手掛け、そこで私と縁があるわけです。

とある企業が、その花緑さんを迎えて落語会を開いたことがありました。オフィスの広いフロアを片付けて、その場所が会場。こういうのは、よくあります。

その企業は、過去に講演の講師ならば迎えたことがあるけど、落語家さんは初めて。普通の人にとって落語とは、笑いの芸能ではあるけど、少しばかり格式が高い「伝統芸能」という認識でしょう。なので、迎えるにあたって色々と古くからの決まりごとがあるのではないかという不安が、とても強く働いていました。そこで、多少落語の知識がある私に、色々と聞いてきます。

「座布団はどうすればいいでしょう？」

「マイクは？」

「あの、名前がある札みたいなの（「めくり」といいます）は、どうすれば？」

まあ、そのへんは舞台上の実務的なことなので、本人や事務所にストレートに聞けばいい。しかしそれだけでなく、やけに細々《こまごま》と聞いてきます。

「控室は、会社の会議室でいいでしょうか？」

「飲み物や茶菓子はどのようなものを用意すれば？」

「なにか他に、控室に必要なものは？」

失礼があってはいけないという気持ちからだとは、わかります。しかしどうもそれが過剰です。（なぜなんだろう？）……と考えると、どうやら「伝統芸能」というイメージへの過剰反応であることに気づきました。さっきの三つの質問は、要するにこういうことだったのです。

「和室の控室でなくてもいいのか？」
「コーヒー、紅茶では失礼にあたるのか？　やはり日本茶か？」
「暖簾《のれん》とか火鉢とか、よくはわからないけどなにかそういう欠かせない品とか、しきたりがあるのか？」

たしかにこういうことは、直接本人には聞きづらい。ああ、それで周辺の私に聞いてきたのか、と。

伝統を売りにするビジネスに「古式を強調する」傾向があることは、すでにこの本で述べてきました。大相撲がそうです。着物がそうです。京都がそうです。あるいは茶道《さどう》、生け花……さらに料亭や和風旅館などでそういった演出に思い当る方も多いでしょう。そしておそらく、落語も。

しきたり・儀式・お作法などをあえて厳格かつ煩雑《はんざつ》にすることで、その伝統の価値を高めるという手法があります。多くの場合、当事者はそれが手法にすぎないことをわかっています。つまり、方便としての伝統です。

しかし普通の人は、それを「伝統的なナニカから逸脱してはいけない」と強迫観念のように感じ、「よくわからないから、決められたルールがあるなら、それに従っておこう」と思います。触らぬ神に祟《たた》りなし。従う伝統にお咎《とが》めなし。

結局、当日の落語会では……普通の会議室を使った控室で、椅子《いす》に座り、なぜか駄菓子をお茶うけにして、私は花緑さんと、事前のそういった経緯を話していました。

「やっぱり、伝統芸能だから、と構えるんですね」

と私。

「そんなに気をつかわなくてもいいのに」

「いま、『おや、楽屋の入り口に盛《も》り塩がありませんけど……』なんて言うと、ビビりますかね？」

「あははは……、悪い人だ」

などと笑い合いながら。

さながら忠臣蔵《ちゅうしんぐら》で、浅野《あさの》内匠頭《たくみのかみ》に意地悪をする吉良《きら》上野介《こうずけのすけ》の気分でした。

＊

古くから伝わる儀礼、法令、制度、服飾、風俗などのことを「有職故実《ゆうそくこじつ》」と言います。

要するに「伝統」の御本尊《ごほんぞん》みたいなもの。それに詳しい家系から、公家《くげ》の世界では九条《くじょう》流が生まれ、さらに御堂《みどう》流が生まれます。武家の時代になると、小笠原《おがさわら》流、伊勢《いせ》流が生まれます。このへんの名前を聞くと、現代の私たちにも「ああ、行儀作法やしきたり、マナーの権威だな」とわかります。江戸時代には、そういった儀礼や典礼専門の名門家柄を高家《こうけ》と呼びました。忠臣蔵では、高家筆頭・吉良上野介で有名です（実際には、高家肝煎《きもいり》と呼ぶようですが）。

しきたりや儀式は、最初は必要があって生まれます。意味があります。けれどしだいに、それさえやっておけばいいという保険・保身のツールになります。意味を失ってくるのです。するとやがて、あらたに意味のある儀式が追加されます。なぜかというと、当事者ではなく、むしろその周辺にある人間のほうが、自分たちの存在意義を高めるために多くのしきたりや儀式を必要とするから。

あの時私が事前に、
「商売をやっているお店では、厄《やく》払いと商売繁盛《はんじょう》の意味で盛り塩をする伝統があるでしょ？　あれと同じで、落語では、楽屋の入り口に盛り塩を置いておくんです」
と言えば、そうなったかもしれません。おそらく私は、「おかげで失敗せずに済みました」とその企業の方に感謝されます。もっとも、楽屋に入った花緑さんは盛り塩を見て、

「これ、なんですか？」と言うでしょうけど……。

私自身は落語家ではないのですが、この世界のしきたりや伝統を少し知っているだけで一目《いちもく》おかれる。

（なるほど、有職故実とか高家というのは、こういうことなのか）

と思いました。しきたりや儀式はこうして創《つく》られ、伝えられていき、やがて伝統と呼ばれるケースもあるのでしょう。

「都市対抗野球」で気がついたこと

再び、子供の頃の話に戻ります。

実家の隣は、知り合いが床屋さんを開業していました。おそらく元旅館の一部だった空きスペースを改造してのことでしょう。私が子供の頃からそうでしたから、以前はどうなっていたか知りません。

そして新聞受けが、なぜか我が家と一緒でした。ウチは「毎日新聞」を取っていました。床屋さんは「朝日新聞」。毎朝この二紙が、我が家に放り込まれます（まさに「毎朝の二紙」です）。床屋さんは通いなので、朝来るとウチに寄って新聞を持っていくというシステムでした。田舎のことで、知り合いだから、それで問題はなかったのでしょう。

私は当然、自宅の新聞を読みます。とはいえ、小学生が読む記事など、たかがしれています。テレビ欄と四コマ漫画、それに下段にある広告くらい。本文なんて見出しを眺《なが》めるだけです。

小学校高学年になってくると「甲子園の高校野球」に興味を持ちました。するとスポーツ欄を読むようになります（私はなぜかプロ野球にあまり興味がなく、高校野球のほうが好きでした）。毎年高校野球のトーナメントが進み、決勝が近くなるにつれ、テレビは白熱し、当然紙面は盛り上がります。

「ああ、日本中が盛り上がってるなあ」

と新聞を読みながら興奮を感じていました。

やがて、それとは別に「都市対抗野球」というものがあると気づきます。高校と違って企業というのは小学生には馴染《なじ》みがない。けれど、全国各地の都市が対抗で試合をするという図式は、高校野球と同じですから理解しやすい。こっちのほうもトーナメントが進むにつれ、紙面は盛り上がっていきました。

ある日の朝、何気なく、隣の床屋さん用に配達された朝日新聞を勝手に取り、開きました。いつも読んでいる毎日新聞ではまさに都市対抗野球が盛り上がっていたところなので、さぞやこっちの新聞でも興奮する記事が載《の》っているのだろう……と期待して。ところが、

「あれ？　都市対抗野球なんてどこにも載ってない！」

その時私はようやく「都市対抗野球は毎日新聞社が主催する大会」という事実に気がついたのです。なるほど、それで毎日新聞では派手に盛り上げているけど、朝日新聞では無視なのか……と。これは小学生には大発見でした。

子供にとって、社会への入り口は狭い。私は我が家に配達される毎日新聞のみを読んで、それを入り口に、日本中が都市対抗野球で盛り上がっていると思っていました。ですが、朝日新聞だけを読んでいる人は、盛り上がりどころか、そんな大会の存在すら知らないのかもしれない。普通の家で取る新聞は一紙のみですから。

「そういえば……」

と思いました。高校野球について、それまでうっすらと感じていた「春のセンバツ」と「夏の大会」についての記事の微妙な温度差の理由もわかりました（言わずもがなですが、夏は朝日新聞主催で、春のセンバツは毎日新聞主催です）。私があまりプロ野球に興味がないのは、我が家が読売新聞ではなかったせいもあるでしょう。なんだか「世界の秘密の一端を発見したぞ！」という気分でした。小学生のくせに。

以来私は、新聞やテレビ、ラジオの言うことをそのままでは信用しないイヤなタイプのガキになりましたけど……。

＊

今にして思えば、あれは素朴《そぼく》なメディア・リテラシーというものだったのでしょう（当時、そんな言葉はありませんでしたが）。

リテラシーとはもともと、読み書き能力のこと。そこから派生した「メディア・リテラシー」という言葉は、最近よく話題になります。メディアは、古くからの新聞、雑誌、本、テレビ、ラジオに加え、最近はネット情報が急拡大しています。発信方法が驚くほど簡単になったからですね。SNSという、情報だか噂《うわさ》話だか妄想だかエンタメだかよくわからないものもあります（そこが面白いんですが）。

ニュースや情報や話題は、それを発信する人とメディアの立場によって色合いが変わります。発信者とメディア企業それぞれのお家事情や、ライバル心や、意地の張り合い。遺《い》恨《こん》じみたものさえ関係してきます。こういうスタンスにすると売れる（視聴率が上がる、アクセス数が稼《かせ》げる）という金銭的メリットも絡みます。

まあ、それぞれが自分の立場で発信すればいいことです。もっとも、強者にすり寄ったミエミエの提灯持《ちょうちんも》ちみたいなニュースや記事は、ちょっと、いや、かなりカッコ悪いと思いますが。

他に、誰かを貶《おとし》めるための、あるいは世論を誘導するためのフェイクニュースなんてものもあって、これはハッキリと悪質だと思います。

しかし世の中には、自分にとって気持ちいい幻想のニュースに酔いたい人々がいる。それを受けて、メディアはなんでもありの風潮になってきました。

そこで、

「その情報は、誰が、なんのために、どういうスタンスで発信しているのか？」

も含めて読み取る能力が、メディア・リテラシー。これが必要です。

こんな風に言われると、専門的な訓練を受けて身に付く特別な能力みたいにも思えますが、なに、そう難しいことではありません。

「その情報って、本当？」

と思えばいいだけですから。

伝統リテラシー

人は弱い。そして、人生は短い。長い歴史の中で見ると、誰もがほんの一瞬生きて、死んでいくだけです。けれど、それじゃ少し寂しい。なので、古くから続いてきた（とされる）伝統の末端に連なることで、少し安心することができます。そしてそれを次代につなげていく役割を務めれば、ふわふわとした存在の自分を歴史の流れのどこかに固定して、位置付けることができるのではないか？

私たちがどうも「伝統」に弱いのは、そういうことなのかもしれません。

そして世の中には、自分にとって気持ちいい幻想の伝統に酔いたい人々がいる。それを受けて、やたらと「日本の伝統」が強くアピールされる風潮になってきました。

そこで、

「その伝統は、誰が、なんのために、どういうスタンスで主張しているのか？」

も含めて読み取る能力が、伝統リテラシー。これが必要です。

これもまた、そう難しいことではありません。

「その伝統って、本当？」

と思えばいいだけですから。

さて、まえがきで述べた、

「日本古来の伝統」……を変えるな。

「日本人は昔からそうやってきた」……のだから従え。

「伝統的な文化・しきたり」……を絶やすな、守れ。

という見えない言葉を思い出してみてください。

あれは、

「日本古来の伝統」……は変えてもいい。

「日本人は昔からそうやってきた」……かどうかは不明。

「伝統的な文化・しきたり」……は絶えることだってあるさ、でも楽しめばいいんじゃない？

とすることだってできるのではないでしょうか？

だってどうせ見えない言葉なんですから、そこになにを補ってもいいのです。

藤井青銅

主要参考文献

『創られた伝統』エリック・ホブズボウム、テレンス・レンジャー編　前川啓治、梶原景昭ほか訳（紀伊國屋書店）

『大相撲の事典』高橋義孝監修（三省堂）

『「武士道」を読む』太田愛人（平凡社）

『鉄道が変えた社寺参詣』平山昇（交通新聞社）

『「伝統・文化」のタネあかし』千本秀樹、長谷川孝、林公一、田中恵（アドバンテージサーバー）

『日本人のしきたり』飯倉晴武編（青春出版社）

『日本人　数のしきたり』飯倉晴武編（青春出版社）

『「縁」を結ぶ日本の寺社参り』渡辺憲司監修（青春出版社）

『神々の明治維新』安丸良夫（岩波書店）

『「お墓」の誕生』岩田重則（岩波書店）

『葬儀と日本人』菊地章太（筑摩書房）

『MBA老師が喝破する　仏教ビジネスのからくり』井上暉堂（朝日新聞出版）

『お墓の大問題』吉川美津子（小学館）

『墓石が語る江戸時代』関根達人（吉川弘文館）

『日本人　礼儀作法のしきたり』飯倉晴武監修（青春出版社）

『なぜか一目おかれる人の大人の品格大全』話題の達人倶楽部編（青春出版社）

『冠婚葬祭入門』塩月弥栄子（光文社）

『きものの本』塩月弥栄子（光文社）

『きもの文化と日本』伊藤元重、矢嶋孝敏（日本経済新聞出版社）

『蒙古襲来と神風』服部英雄（中央公論新社）

『「明治礼賛」の正体』斎藤貴男（岩波書店）

『近代日本150年』山本義隆（岩波書店）

『京都ぎらい』井上章一（朝日新聞出版）

『六国史』遠藤慶太（中央公論新社）

『斎宮』榎村寛之（中央公論新社）

『大嘗祭』工藤隆（中央公論新社）

『近世日本相撲史』第一巻　日本相撲協会博物館運営委員監修（ベースボール・マガジン社）

『阪神タイガースの正体』井上章一（太田出版）

『岩波講座現代社会学23　日本文化の社会学』井上俊、上野千鶴子、大澤真幸、見田宗介、吉見俊哉編（岩波書店）

『「日本の伝統」の正体』藤井青銅（柏書房）

※その他、参考にさせていただいた多くの学術論文、新聞・雑誌記事は省略させていただきました。

本書第二部〈第二章　女人禁制の国技・大相撲〉、〈第三章『先祖代々之墓』を守れ?〉は『東洋経済オンライン』に執筆した記事をもとに、大幅に加筆修正、再構成したものです。

「日本《にほん》の伝統《でんとう》」という幻想《げんそう》

2018年12月10日　第1刷発行
2019年 3月20日　第2刷発行

著　者　藤井青銅《ふじいせいどう》

発行者　富澤凡子

発行所　柏書房株式会社
東京都文京区本郷2-15-13（〒113-0033）
電話（03）3830-1891［営業］
（03）3830-1894［編集］

装　丁　齋藤友貴（ISSHIKI）
カバー画　小松聖二
本文デザイン　ISSHIKI
DTP　ISSHIKI

印　刷　萩原印刷株式会社

製　本　株式会社ブックアート

ISBN978-4-7601-5050-2